CITY|TRIP

STRASSBURG

W0272572

Inhalt

Zeichenerklärung

★★★ nicht verpassen
★★ besonders sehenswert
★ wichtig für speziell interessierte Besucher

[A1] Planquadrat im Kartenmaterial. Orte ohne diese Angabe liegen außerhalb unserer Karten. Ihre Lage kann aber wie die von allen Ortsmarken mithilfe der begleitenden Web-App angezeigt werden (s. S. 141).

Updates zum Buch

www.reise-know-how.de/citytrip/strassburg18

Vorwahlen

- für Frankreich: 0033
- für Straßburg: 0388

Details am Portal des Straßburger Münsters ❶
(Abb.: fo©pureshot)

Straßburg auf einen Blick

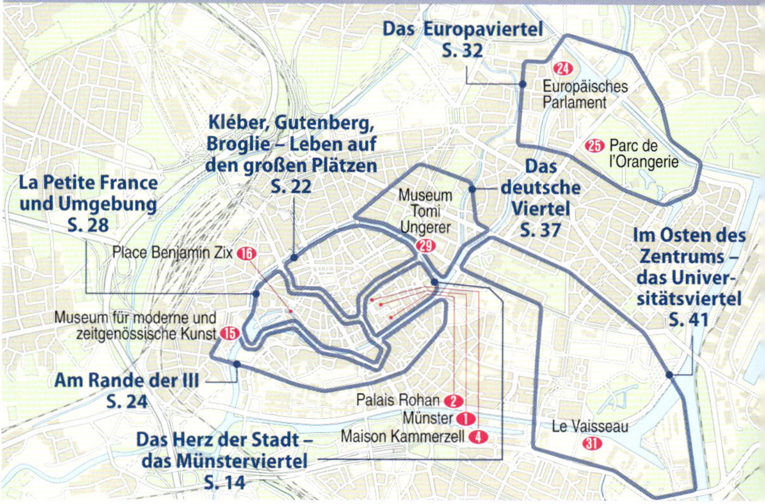

In Straßburg gibt es Feinkostläden seit Generationen, Residenzen und Stadthäuser seit Jahrhunderten, und das Münster feierte 2015 seinen tausendsten Geburtstag. Straßburg ist keine hektische Trend- und Zeitgeistmetropole und genau das macht ihren Reiz aus. Obwohl sie eine moderne Europa-, Medien- und Universitätsstadt ist, faszinieren besonders das intakte historische Stadtbild und die gelassene Atmosphäre. Die meisten Besucher suchen hier nicht den Wandel, sondern die Beständigkeit.

Gastronomietipp

Unmittelbar am Münster gelegen, lockt das kleine, liebevoll eingerichtete Bistrot & Chocolat mit wechselnden Tagesgerichten. Besondere Spezialität sind die köstlichen Schokoladevariationen (s. S. 56).

Regionales

Im alten Zollgebäude an der Ill befindet sich La nouvelle douane, ein Laden für regionale Lebensmittel und Wein. Statt Massenware werden hier Produkte regionaler Händler und Höfe angeboten (s. S. 71).

Uferspaziergang an der Ill

Das Ufer der Ill zählt zu den stillen Attraktionen Straßburgs. Immer mehr Menschen genießen die zauberhafte Stimmung besonders in den frühen Abendstunden.

Neu in der Museumsstadt

Seinem Ruf als lebendige Museumsstadt wird Straßburg einmal mehr gerecht – durch das private Voodoo-Museum, das sich den traditionellen Religionen und Bräuchen Westafrikas widmet (s. S. 47).

071sb Abb.: fo©pure-life-pictures

STRASSBURG ENTDECKEN

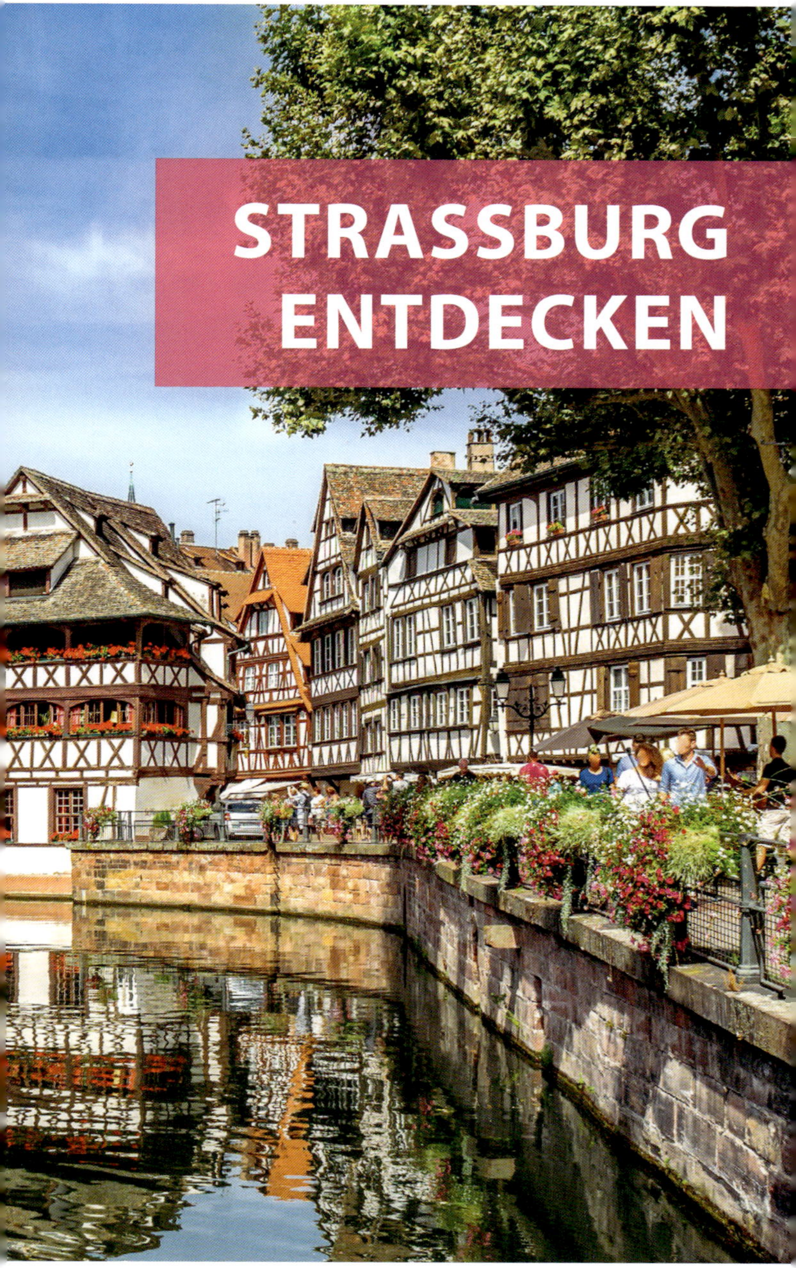

Straßburg für Citybummler

Ob zu Fuß, mit dem Schiff oder der Minitram – es gibt unterschiedliche Möglichkeiten, Straßburg zu entdecken und jede von ihnen zeigt die Stadt aus einer anderen Perspektive.

Der historische Kern Straßburgs, eine Insel, die vom Flüsschen Ill umspült wird, bietet so viel, dass die meisten Besucher der Stadt dieses Areal während ihres Aufenthalts gar nicht verlassen. Hier versammeln sich die Hauptsehenswürdigkeiten wie Kathedrale und La Petite France, hier sind die großen Kaufhäuser und unzählige kleine Einzelhandelsgeschäfte zu finden und auch eine unüberschaubare Vielfalt von Restaurants, Cafés, Brasserien und Bistros.

Wer einen Gang runterschalten möchte und eher das ruhige, nicht von Kameras belagerte Straßburg entdecken will, sollte das UNESCO-geschützte Kleinod namens Altstadt hinter sich lassen. Dann empfehlen sich etwa die schönen Parkanlagen der Orangerie 25, der Citadelle 34 oder des Botanischen Gartens 30. Aber auch das Viertel Krutenau/Finkwiller 14 eignet sich fürs reine Schlendern ohne Shoppingliste und Sightseeingstress. Für historisch Interessierte und Architekturfans bietet das Wilhelminische Viertel (s. S. 37) rund um den Place de la République ideale Gelegenheiten zum Flanieren.

Das gibt es nur in Straßburg

- ***Europäisches Parlament:*** *Das Parlament der EU 24 hat seinen Sitz in einem gigantischen modernen Komplex aus Glas und Stahl am Ufer der Ill.*
- ***Weihnachtsmarkt:*** *Weihnachtsmärkte gibt es überall, aber kaum einer ist so sehenswert, wie der seit mehr als 400 Jahren abgehaltene „Christkindelsmärik" in Straßburg (s. S. 80).*
- ***Astronomische Uhr:*** *Zu den besonderen Attraktionen des Straßburger Münsters 1 zählt die astronomische Uhr aus dem 16. Jahrhundert.*
- ***Historischer Wein:*** *Aus dem Jahr 1472 stammt der Wein, der im historischen Weinkeller des Straßburger Hospizes lagert; damit gilt er als der älteste Wein der Welt in einem Fass (s. S. 76).*

◁ Das Ill-Ufer in La Petite France

Zu Fuß

Als uralte europäische Kulturstadt zeigt sich Straßburg in seinem fast kreisrunden, vom Wasser der Ill umgebenen Kern. Das Herz der Stadt erreicht man über mehr als ein Dutzend Brücken aus allen Himmelsrichtungen. Im Gewirr kleiner und kleinster Gassen im Schatten der Kathedrale hat sich schon mancher verlaufen, aber am Ende jedes Irrwegs in Straßburgs Altstadt liegt entweder eine bezaubernde Kirche oder eine rustikale Weinstube *(Winstub)*.

Den besten **Überblick über die Stadt** verschafft man sich vom 66 m hohen Südturm der Kathedrale 1. Der etwas mühsame Aufstieg über die mehr als 300 Stufen ist aber nicht nur informativ, um sich zu orientieren, sondern auch ein absolut spektakuläres Erlebnis. Ein schönes Pano-

EXTRATIPP

Mit der Minitram durch die Stadt

Gleich neben dem Münster Place du Château, am Eingang zur Turmbesteigung) fährt die Minitram (s. S. 109) zur kommentierten Stadtbesichtigung (per Tonband) ab. Dabei rollt das kleine Elektrowägelchen mit drei Passagieranhängern in rund 40 Minuten ganz gemütlich an den Hauptsehenswürdigkeiten wie dem Münster und La Petite France vorbei. Der Spaß kostet 7 € (ermäßigt 5,20 €) und findet zwischen März und Anfang November statt.

› **Abfahrten:** März/November 11–16 Uhr, April/Oktober 10.30–17 Uhr, Mai–September 10–18 Uhr

042sb Abb.: tk

rama zeigt sich auch von der Terrasse des Museums für moderne und zeitgenössische Kunst ⓯.

Die meisten Sehenswürdigkeiten Straßburgs liegen auf der Ill-Insel und können ideal zu Fuß erkundet werden. Viele der historischen Straßen und Plätze sind überdies Fußgängerzone, sodass der Citybummel doppelt Spaß macht. Zwischen der mächtigen Kathedrale und dem malerischen La-Petite-France-Viertel pulsiert das Straßburger Leben. Hier reihen sich die historischen Häuser, Restaurants, Cafés und Geschäfte bunt aneinander.

⏶ *Stadtrundfahrt in der Elektro-Kutsche: die Minitram*

Per Schiff

Die ultraflachen Passagierschiffe, die auf der Ill unterwegs sind, bieten eine entspannte Möglichkeit, sich einen Eindruck von Straßburg zu verschaffen. Von Januar bis Dezember fahren die Ausflugsboote ihre etwa 70-minütige Strecke entlang, auf der man die wichtigsten Sehenswürdigkeiten wie La Petite France oder das Europaviertel sieht und das besondere Flair des Flussufers kennenlernt. Die Abfahrtsstelle der Tour, die 13 € kostet, liegt hinter dem Palais Rohan ❷ direkt an der Ill. Ein besonderes Vergnügen sind das Erleben des Schleusenmechanismus vor La Petite France und die nahe gelegene Drehbrücke ⓱, die sich für die Schiffe öffnet.

Kurztrip nach Straßburg

Als vergleichsweise kleine Stadt bietet Straßburg die Möglichkeit, innerhalb kurzer Zeit die wichtigsten Sehenswürdigkeiten und Eigenarten der Stadt kennenzulernen. Je nach Dauer der Anfahrt eignet sich die Metropole des Elsass für einen Tagesausflug, aber auch für ein intensives Wochenende. Bei einem Aufenthalt von zwei Tagen kommt keine der drei Straßburger Säulen zu kurz: Kultur, Essen und Trinken plus Shopping.

1. Tag

Morgens

Den Höhepunkt Straßburgs sieht man bereits aus sehr großer Entfernung, d. h. schon von der Autobahn aus: das **Münster** ❶, einst über Generationen hinweg das höchste Bauwerk unseres Planeten. Die riesige Kathedrale bietet neben vielen kunsthistorischen Schätzen wie der **astronomischen Uhr** von ihrem Turm einen herrlichen Ausblick auf die Stadt und das Umland. Wer diesen atemberaubenden Bau etwas auf sich wirken lassen möchte, ist leicht einen ganzen Vormittag beschäftigt.

Mittags

Nach einer stärkenden Mittagspause setzt man die Erkundung des historischen Zentrums fort. Durch hübsche Gassen mit kleinen Spezialitätengeschäften gelangt man zum weitläufigsten Platz der Stadt (im Dezember mit gigantischem Weihnachtsbaum geschmückt), dem **Place Kléber** ❾. Von hier aus bietet sich das Ausschwärmen in die nahe gelegenen Kaufhäuser oder der „Durchmarsch" hinab ins beschauliche **La Petite France** („Klein-Frankreich") an. Dieses Viertel ist für Fotofreunde eine wahre Schatzgrube mit unzähligen Motiven und vielen Gelegenheiten zur nächsten Stärkung, etwa im **La Corde à Linge** („Wäscheleine", s. S. 59) am charmanten **Place Benjamin Zix** ⑯.

010sb Abb.: tk

Abends

Wer abends zwei Fliegen mit einer Klappe schlagen möchte, dem sei das **Kabarett-Restaurant Choucrouterie** (s. S. 26) in der Rue St. Louis empfohlen. In der ehemaligen Sauerkrautfabrik richtet das Elsässer Original Roger Siffer regionale Kleinkunst an, die mittlerweile Kultcharakter gewonnen hat. Daneben gibts zwischen Antiquitäten und Trödel typische gehaltvolle Kost aus der Region und einen guten Tropfen Riesling oder Pinot noir.

2. Tag

Morgens

Mit seiner Kulturlandschaft steht Straßburg kaum hinter wesentlich größeren französischen Städten zurück. Der zweite Tag bringt die Belege dafür. An Museen und anderen kulturellen Einrichtungen herrscht kein Mangel und dabei kommt jeder auf seine Kosten. Für Kinder bzw. Familien empfiehlt sich morgens ein Besuch des großen zweisprachigen **Wissenschaftszentrums Le Vaisseau** 31, einem lebendigen Museum zum Mitmachen. Hier verbinden sich Lernen und Spielen auf ideale Weise. Eine herrliche Alternative ist das **Musée des Beaux-Arts im prächtigen Palais Rohan** 2, wo Tuchfühlung zu Maler-Giganten wie Giotto, Tintoretto oder Goya aufgenommen werden kann.

Mittags

Zur Feier des Tages bietet sich eine gediegene Mittagseinkehr in einer Straßburger Institution an, dem uralten und wunderschönen **Maison Kammerzell** 4. In diesem schmuckvollsten Fachwerkgebäude der Stadt locken kulinarische Spezialitäten in Fülle. Nach einem leckeren Hähnchen in Rieslingsoße oder einer Entenbrust mit Kartoffelgratin könnte je nach Interesse das originelle Museum Tomi Ungerer 29, das dem berühmten Straßburger Karikaturisten gewidmet ist (siehe dazu auch den Exkurs „Tomi Ungerer" auf S. 39), oder das spektakuläre **Musée d'Art Moderne et Contemporain** 15 angesteuert werden. Wer lieber tief in die Geschichte des Elsass eintauchen möchte, ist im **Musée Alsacien** 13 am Ufer der Ill sehr gut aufgehoben. Bei entsprechender Jahreszeit und Witterung lässt man die musealen Verlockungen am Nachmittag links liegen und widmet sich den schönen Parkanlagen der Stadt, wie der **Orangerie** 25, dem **Botanischen Garten** 30 oder dem **Parc de la Citadelle** 34.

Straßburg für Tagesbesucher

Wer nur für einen Tag in Straßburg weilt, dem sei der auf S. 12 beschriebene Stadtspaziergang empfohlen, der an den bedeutendsten Sehenswürdigkeiten und Plätzen vorbeiführt.

Abends

Für den gemütlichen Ausklang des Wochenendes eignet sich der **Place du Marché Gayot** 5 hinter der Kathedrale. Hier finden sich viele Cafés, Bars, Klubs und Restaurants inmitten des für Straßburg typischen Fachwerkambientes. Für Wasserfans ist eines der szenigen Schiffsrestaurants wie das **Le Rafiot** (s. S. 59) am Quai des Pêcheurs ein heißer Tipp.

Place Benjamin Zix 16

Stadtspaziergang

Für einen Stadtspaziergang durch Straßburgs Zentrum ist der Münsterplatz mit dem größten Wahrzeichen der Stadt, dem **Straßburger Münster** 1, ein idealer Ausgangspunkt. Rund um die prächtige Kathedrale stehen drei- bis viergeschossige alte Fachwerkhäuser mit kleinen Fenstern und steilen, spitzen Dächern, die ein Bild wie im Mittelalter abgeben und zum Flanieren, Schauen und Fotografieren einladen. Nach der Erkundungstour rund um das imposante Gotteshaus geht es schließlich hinein in den gotischen Bau, der herrliche kunsthistorische Schätze wie die legendäre **astronomische Uhr** bietet, deren bewegliche Figuren sich jeden Tag um Punkt 12.30 Uhr in Bewegung setzen. Je nach Flaniergeschwindigkeit und Anzahl der Fotostopps bietet sich nach der Besichtigung der Kathedrale und ihrer Umgebung eine kurze, ruhige Verschnaufpause im gemütlichen **Café Le Roi et son Fou** (s. S. 56) an, das sich zwar in unmittelbarer Nachbarschaft zum Münster, aber dennoch etwas abseits der Touristenströme befindet.

Ein frisches Croissant und einen guten *café crème* später geht es von hier über den **Place Gutenberg** 10 die leicht abschüssige, sehr belebte Rue Mercière hinab. Unter den Augen des berühmten Mainzer Buchdruckers, der auch in Straßburg wirkte, führt der Weg durch die Rue Gutenberg in Richtung des ehemaligen Gerberviertels **La Petite France.** Entlang der historischen Geschäftsstraße Grand Rue 19 und in ihren Seitengassen reihen sich Läden, Bistros und Restaurants bunt aneinander. Eine schöne Gelegenheit zur Mittagseinkehr bietet die alteingesessene **„Winstub" S'Thomas Stüble** (s. S. 62) in der Rue du Bouclier. Nach einer zünftigen elsässischen Stärkung (Sauerkraut-Variationen, wobei das Sauerkraut traditionell eher die Beilage zu einer Vielfalt von Würsten und Fleisch darstellt) ist man nun für eine Zeitreise durch das malerische Viertel La Petite France mit seinen **schmalen Gassen** und **pittoresken Fachwerkfassaden** gewappnet.

Über die Rue des Dentelles gelangt man nach wenigen Minuten zum **Place Benjamin Zix** 16, dem vielleicht schönsten Platz der ganzen Stadt. Besonders beliebt bei Fotografen ist hier neben dem grandiosen Fachwerkpanorama auch das emsige Geschehen an den **Schleusen**, das man von vielen Positionen aus gut beobachten kann. Vom hübschen Place Benjamin Zix, vorbei am legendären Maison des Tanneurs, gelangt man links in die Rue des Moulins und unmittelbar rechts (leicht zu übersehen) auf den winzigen, aber idyllischen **Quai de la Petite-France.** An dessen Ende befinden sich die sehenswerten **Ponts Couverts** 18, ehemals gedeckte Brücken mit schönem Ausblick auf das Kanalsystem der Ill. Nach kurzer Berührung der stark befahrenen Rue Ste. Marguerite stößt man auf den Place H.-J. Arp mit einem der bedeutendsten Museen des Elsaß, dem **Musée d'Art Moderne et Contemporain** 15.

Nach dem Abstecher in die Welt der modernen und zeitgenössischen Kunst führt der Weg über die Rue Adolphe Seyboth vorbei an der Kirche St. Pierre le-Vieux auf die Rue du

Mächtiges Brückenensemble: die Ponts Couverts 18

22 Novembre und weiter zum zentralen Stadtplatz **Place Kléber** 9. Hält man sich am Ende des Place Kléber rechts, gelangt man über die Rue des Grandes Arcades wieder zum Place Gutenberg und links in die kleinere Einkaufsstraße Rue des Hallebardes.

Hier und vor allem in der sich unmittelbar anschließenden **Rue de Juifs** 6 bieten sich gute Einkaufsmöglichkeiten in allerlei kleinen Einzelhandelsgeschäften. Links über die kleine Rue des Charpentiers gelangt man schon nach rund 200 Metern zur riesigen und architekturhistorisch eindrucksvollen **Place Broglie** 11, dem größten Platz der Stadt, mit dem **Opernhaus** (s. S. 66). An der Ecke zur Rue du Dôme lockt das traditionelle Café Broglie (s. l.) zu einer kleinen Einkehr und über die Rue du Dôme – der Name ist Programm – führt der Weg auch auf gerader Strecke wieder zurück zum **Münster** 1.

Je nach persönlichem Tempo benötigt man für diesen Spaziergang durchs Zentrum Straßburgs ungefähr anderthalb bis zwei Stunden. Café- und Kneipenpausen sowie die Kathedralenbesichtigung sind dabei selbstverständlich nicht mit eingerechnet.

Einen wahlweise geruhsamen oder auch feucht-fröhlichen **Abschluss des Spaziergangs** bietet, etwas versteckt an der Rue des Frères gelegen, der Place du Marché Gayot 5 mit einer **Vielzahl an Kneipen und Restaurants.**

KLEINE PAUSE

Klassisch französisch

Für Liebhaber der klassischen französischen Cafés einer der erfreulichsten Orte der Umgebung. Im Sommer auch gut geeignet zum Beobachten vorbeischlendernder Zeitgenossen.

3 [F6] **Café Broglie,** 1, rue du Dôme, tgl. 7–21 Uhr

Routenverlauf im Stadtplan

Der hier beschriebene Spaziergang ist mit einer farbigen Linie im Stadtplan eingezeichnet.

073sb Abb.: fo©Vlastimil Šesták

Das Herz der Stadt – das Münsterviertel

Das Zentrum Straßburgs stellt in kultureller, historischer, geografischer und touristischer Hinsicht den Kern dieser Stadt dar. Es besteht aus einer ellipsenförmigen Insel in der Ill, auf der nahezu alle bedeutenden Sehenswürdigkeiten liegen – vom weltberühmten Münster über den Rohan-Palast mit seinen drei Museen bis zu einem Labyrinth kleiner und kleinster Fachwerkgassen, die den typischen Charme Straßburgs ausmachen.

Durch die überschaubare Größe lässt sich die Altstadt bequem zu Fuß erschließen, ein großer Teil der malerischen Straßen und Plätze ist ohnehin für den Verkehr gesperrt. Neben den Sehenswürdigkeiten finden sich auch die meisten Restaurants, Cafés und Bars in diesem Areal, das komplett zum UNESCO-Weltkulturerbe gehört.

EXTRATIPP

Das „Mysterium des grünen Strahls"

Ein ganz besonderes Erlebnis kann der Münsterbesuch zu Frühlings- bzw. Herbstanfang sein, da sich dann das „Mysterium des grünen Strahls" einstellt. Im Frühjahr und im Herbst, jeweils zur Tagundnachtgleiche, wandert ein grüner Lichtstrahl durch ein Glasfenster des südlichen Seitenschiffs bis zum Christuskopf des Kruzifixes an der Kanzel. Gefärbt wird der Strahl durch den grünen Schuh des Jakobsohnes Juda, der in dem Glasfenster dargestellt ist. Das Phänomen ist jeweils sieben Tage lang am Frühlings- und Herbstanfang für etwa 20 Minuten zu beobachten – allerdings nur bei Sonnenschein.

1 Münster (Cathédrale Notre-Dame) ★★★ [F6]

Das eindrucksvolle Wahrzeichen der Stadt gehört zu den gotischen Spitzenbauten Europas. Bereits von der Autobahn aus erkennt man sie gut, die eindrucksvolle Silhouette des Straßburger Münsters, dem berühmten Wahrzeichen der Stadt. Die gewaltige römisch-katholische Kathedrale war mit ihrem 142 m hohen Nordturm über mehr als zwei Jahrhunderte die weltweit höchste Kirche der Christenheit und stellt von jeher den Höhepunkt eines Straßburgbesuchs dar.

Das Straßburger Münster wurde 1015 unter Bischof Wernher von Habsburg als romanische Kirche begonnen, umfasst aber weitgehend gotische und hochgotische Elemente. Hauptbaumeister der Kathedrale war ab 1284 Erwin von Steinbach. Die Bauzeit des Münsters umfasste jedoch Jahrhunderte, denn fertiggestellt wurde das Meisterwerk erst 1439, als der Kölner Architekt Johannes Hültz die spätgotische Turmspitze errichtete und dem Münster damit zu seiner jetzigen Höhe von 142 Metern verhalf.

Wer sich auf der kleinen rue Mercière der mächtigen Hauptfassade nähert, wird schier überwältigt. Es ist beinah ein gotisches Gebirge, das sich am Ende des beschaulichen, leicht ansteigenden Fachwerksträßchens majestätisch in den Himmel erhebt. Einer der gigantischsten Bauten des Mittelalters und ein Meisterwerk der Gotik thront hier oben und begeistert den Betrachter zu allen Jahres- und Tageszeiten, bei jedem Licht und Wetter.

Die 66 m hohe **Haupt- bzw. Westfassade** aus rotem Sandstein vereinigt einige der spektakulären Details der Kathedrale in sich. Besonderes Augenmerk verdienen die Portalstatuen und die quadratisch eingefasste 16-teilige Fensterrose mit einem Durchmesser von 15 m.

Die Maßwerkfassade, die dem eigentlichen Baukörper filigran vorgeblendet ist, bezeichnete Karl Friedrich Schinkel einst als eine „Harfe aus Stein". Hier am Hauptportal bietet sich zudem der beste Blick auf den im Jahre 1439 vollendeten Nordturm. Der ursprünglich geplante Südturm wurde, womöglich wegen Bedenken hinsichtlich der Tragfähigkeit des Untergrunds, nicht realisiert.

Das Innere der Kathedrale sorgt für ein einziges Staunen angesichts all der gotischen Pracht. Die ältesten Elemente, wie beispielsweise die dreischiffige Krypta, stammen jedoch aus der **Epoche der Romanik.** Fast ebenso alt sind manche der wundervollen Glasfenster, die z. T. 1190 und 1200 geschaffen wurden. Mit insgesamt 70 mittelalterlichen Glasfenstern, die meisten aus dem 13. und 14. Jahrhundert, besitzt das Münster einen der größten Glasmalereizyklen in Europa. Die Fenster im nördlichen (linken) Seitenschiff zeigen Fürsten und Kaiser des Heiligen Römischen Reiches, die im südlichen Seitenschiff schildern Szenen aus dem Leben Marias und Christi. Das

⌃ *Wahrzeichen der Stadt: das imposante Münster*

046sb Abb.: tk

sogenannte **EU-Fenster** im Chor, das neben Maria mit dem Kind zwölf Sterne auf blauem Grund zeigt, wurde im Jahre 1956 vom Europarat gestiftet.

Das majestätische Langhaus der Kirche wurde in nur rund 30 Jahren **in rein hochgotischem Stil** erbaut. Die Kanzel aus weißem Sandstein ist ein Juwel der spätgotischen Steinmetzkunst und wurde 1486 von Johannes Hammer für den freimütigen Prediger Geiler von Kaysersberg geschaffen. Im nördlichen Seitenschiff findet sich die **prächtige Schwalbenschwanzorgel**, die 1716 von Andreas Silbermann gefertigt wurde. Der gebürtige Sachse, einer der bedeutendsten Orgelbauer seiner Zeit, lebte und arbeitete von 1701 bis zu seinem Tod 1734 in Straßburg. Das 20 m hohe geschnitzte und vergoldete Gehäuse der Orgel stammt aus dem Jahr 1489.

Ein besonderes Schmuckstück in der Kathedrale ist der sogenannte **Engelspfeiler** im rechten Querschiff, ein außergewöhnliches Meisterwerk der gotischen Bildhauerkunst. Dieser Pfeiler vor der berühmten astronomischen Uhr wird auch „Weltgerichtspfeiler“ genannt und stützt das Gewölbe dieses südlichen Querschiffs. Er entstand zwischen 1220 und 1230 und seine Skulpturen gehören zu den Meisterwerken der Bildhauerei des 13. Jh. Thema sind auf drei Etagen das Weltgericht und der Jüngste Tag, oben thront Christus auf dem Richterstuhl.

Die berühmteste Sehenswürdigkeit im Straßburger Münster ist die ebenfalls im rechten Querschiff befindliche **legendäre astronomische Uhr.** Das 18 m hohe Kunstwerk aus dem Jahr 1547 wurde von Tobias Stimmer (1539–1584) gefertigt und ist geschmückt mit beweglichen Figuren, Heiligen, Engeln, Tieren und Planeten. Jeden Tag um Punkt 12.30 Uhr setzen sich die Figuren der Uhr in Bewegung: Dann ziehen die zwölf Apostel an Jesus vorbei, auf der Spitze der Uhr kräht ein Hahn und schlägt mit den Flügeln.

Im Jahre 1788 blieb die Uhr stehen und der Straßburger Jean Baptiste Schwilgué wurde mit der Erneuerung des Uhrwerks beauftragt. Er schuf in jahrelanger Arbeit – von 1838 bis 1842 – ein komplexes technisches Kunstwerk. Die Ziffernblätter seiner Konstruktion zeigen von oben nach unten die Mondphasen, das kopernikanische Planetarium mit den Tierkreiszeichen, die örtliche und mitteleuropäische Zeit sowie die sich im Kreis jagenden Gottheiten der Wochentage mit einem Jahreskalender darunter. In der Silvesternacht setzt sich ein Räderwerk in Bewegung, welches die beweglichen Feiertage des Jahres errechnet. Eine technische Besonderheit ist das unglaublich langsam laufende Zahnrad. Es rekonstruiert die sogenannte Präzession der Erdachse und dreht sich in 25.800 Jahren genau einmal im Kreis.

Wie viele andere Kirchenbauten auch wurde das Münster im Laufe

EXTRATIPP

Turmbesteigung

Bei der Besteigung des niedrigeren Südturms gelangt man über 332 Stufen bis auf eine Höhe von 66 m. Nicht nur die Aussicht, sondern auch der Weg hinauf ist ein Erlebnis, da sich immer wieder fantastische Blicke durch die Maßwerkverstrebungen in das steinerne Dickicht aus Strebebogen, Statuen, Treppen und Dächer ergeben.

Von der **Münsterplattform** hat man eine spektakuläre Sicht über Straßburg bis hin zur Rheinebene. Westlich und nördlich erblickt man die Höhenzüge der Vogesen, östlich den Schwarzwald und im Süden kann man den Kaiserstuhl und den Jura sehen.

› April–Sept. Mo–So 9.30–19.15 Uhr, Okt–März Mo–So 10–17.15 Uhr, Eintritt 5 €, ermäßigt 3,50 €, Eintritt frei an jedem ersten Sonntag im Monat, Informationen: Tel. 0388436030

der Jahrhunderte immer wieder durch Blitzschlag, Brände und Bomben beschädigt. Hinzu kommen die dramatischen Geschehnisse während der Französischen Revolution, als 1793 kirchenfeindliche Truppen mehr als 200 Skulpturen zerschlugen. Durch den sinkenden Grundwasserspiegel in Folge der Rheinbegradigung (1909) und die Umweltverschmutzung blieben **Restaurierungsarbeiten** am Münster bis in heutige Zeiten immer wieder notwendig.

› place de la Cathédrale, Mo–So 9.30–11.15 Uhr und 14–17.45 Uhr, www.cathedrale-strasbourg.fr, Tel. 0388214330. Während der Gottesdienste keine Besichtigung. Für die Besichtigung der astronomischen Uhr erhält man am Nordportal Einlass, das zu diesem Zweck ab 11.20 Uhr geöffnet ist. Eintritt 3 €, ermäßigt 2 €.

2 Palais Rohan (Archäologisches Museum, Museum der schönen Künste, Kunstgewerbemuseum) ★★★ [F6]

Das prächtige Palais Rohan ist ein Muss für jeden kulturell interessierten Straßburgbesucher.

Zwischen 1728 und 1742 ließ der Hofarchitekt Robert de Cotte im Süden des Münsters diese erzbischöfliche Residenz des Straßburger Kardinalgeschlechtes errichten. Das Palais Rohan stellt mit seiner **Barockarchitektur** eines der bedeutendsten Bauwerke der Stadt dar. Besonders beeindruckend an dieser Dreiflügelanlage, die sich um einen Innenhof gliedert, ist sicherlich die aufwendig gestaltete Fassade an der Ill-Seite.

In dem spätbarocken Bau ist u. a. das **Archäologische Museum** (*Musée Archéologique*) untergebracht. Es ist das bedeutendste seiner Art in weitem Umkreis. Die Ausstellung im Untergeschoss schildert die Geschichte des Elsass von der Prähistorie (600.000 v. Chr.) bis zum Anfang des Mittelalters (800 n. Chr.). Dabei geht die Reise mit entsprechenden Exponaten aus der Region von der Urgeschichte über die Bronze- und Eisenzeit bis hin zu den Epochen der Römer und der Merowinger. Das Konzept der sehenswerten und informativen Ausstellung ist allerdings etwas in die Jahre gekommen: Multimediale bzw. interaktive Wissensvermittlung, wie sie die moderne Museumspädagogik kennt, sucht man leider vergebens.

◁ Das Münster 1 bietet rundherum interessante Details

Im Erdgeschoss des Palastes befindet sich das **Kunstgewerbemuseum** *(Musée des Arts Décoratifs)*, bei dem es sich zum großen Teil um die prunkvollen Gemächer der Bischöfe von Rohan handelt. Von Repräsentations- und Versammlungssälen über Schlafzimmer bis hin zu Bibliothek und Kapelle durchstreift der Besucher auf knarrenden Dielen die komplette Wohnwelt der Mächtigen von einst. Sogar König Ludwig XV. und Napoleon I. waren in diesen Gemächern zu Gast. Der zweite Teil der Ausstellung widmet sich vor allem schmuckvollen Porzellanprodukten wie Tellern und Schüsseln der Straßburger Hannong-Manufaktur. Wie in manch anderem Museum der Stadt hat man leider auf eine zusätzliche deutsche Beschriftung der Räume und Exponate verzichtet, Gästen aus dem östlichen Nachbarland Straßburgs werden aber gern informative Schnellhefter mit deutschem Text ausgehändigt.

Das Obergeschoss des Palais schließlich präsentiert im **Kunstmuseum** *(Musée des Beaux-Arts)* eine große Schau der europäischen Malerei zwischen spätem Mittelalter und 19. Jahrhundert. Fast alles, was in der Kunstgeschichte Rang und Namen hat, findet sich hier: von Giotto und Memling über Raffael und Botticelli bis Watteau und Delacroix. Dass hier eher weniger bekannte Meisterwerke der jeweiligen Künstler gezeigt werden, tut dem Genuss des Betrachters keinen Abbruch.

› 2, place du Château, Palais Rohan, www.musees.strasbourg.eu, alle 3 Museen: Mo, Mi–So 10–18 Uhr, Di geschlossen, Eintritt 6,50 €, ermäßigt 3,50 €

⌃ *Schauplatz von Politik und Kultur: Palais Rohan* 2

› *Nicolaus von Leyden im Frauenwerkmuseum*

3 Frauenwerkmuseum (Musée de l'Œuvre Notre-Dame) ★ [F6]

Dieses Haus wurde zwischen 1931 und 1939 von dem ehemaligen Leiter der Straßburger Museen Hans Haug eingerichtet und präsentiert die Entwicklung der Kunst in Straßburg und am Oberrhein zwischen dem 11. und 17. Jahrhundert.

Die Sammlung befindet sich in einem Komplex, der bereits im 17. Jahrhundert errichtet wurde, während der älteste Teil, das Gebäude **„Unserer Lieben Frauen Werk"** sogar auf das 13. Jahrhundert zurückgeht. Es beherbergte die ehemalige Münsterbauhütte.

Den Besucher erwarten eindrucksvolle Skulpturen des Münsters, darunter mehrere Originalskulpturen der Münsterportale, die der revolutionären Zerstörungswut entkamen. Daneben sind Meisterwerke der oberrheinischen Kunst des 15. Jahrhunderts (u. a. von Conrad Witz und Nicolas von Leyden) sowie zahlreiche kostbare Glasgemälde, Wandteppiche und Möbel zu sehen. Über die gezeigten Objekte hinaus begeistert auch das schöne alte Gebäude mit sehenswerten Details wie der von Hans T. Uhlberger erbauten Wendeltreppe aus dem späten 16. Jahrhundert.

› 3, place du Château, Di–So 10–18 Uhr, Mo geschlossen, Eintritt 6,50 €, ermäßigt 3,50 €, www.musees.strasbourg.eu

4 Maison Kammerzell ★★★ [F6]

Es kann gar keinen Zweifel geben: Das Maison Kammerzell ist das schönste und **prächtigste Fachwerkhaus der Stadt.** Wie praktisch, dass es vis-à-vis der Kathedrale und direkt

053sb

neben der zentralen Touristeninformation (s. S. 101) steht, man kann es bei einem Straßburgbesuch unmöglich verfehlen.

Der geradezu monumental wirkende Bau zählt insgesamt 75 Fenster, in deren Rahmen historische, mythologische und biblische Gestalten verewigt sind. Über und über mit schmuckvollen Schnitzereien versehen, ist das heutige **Feinschmeckerrestaurant** und kleine Hotel eine herrliche Augenweide. Im Erdgeschoss empfängt den Gast eine der edels-

KLEINE PAUSE

Stille Oase inmitten des Trubels

Wer dem Gewühl auf dem Münsterplatz entkommen, aber nicht mehr weit laufen will, der schlendert in die kleine Seitenstraße Rue du Vieil Hôpital und dort in das wunderbare Café **Le Roi et son Fou** (s. S. 56): Bei köstlichem Milchkaffee und selbst gebackenem Kuchen vergisst man die Zeit und genießt das charmante Ambiente.

EXTRATIPP

Souvenirs

Wer sich mit Souvenirs eindecken möchte, findet vom Küchenmagneten in Münsterform bis zum Stoffstorch eine riesige Auswahl in den Geschäften entlang der Rue du Maroquin [F6] und am Place du Marché aux Cochons de Lait nahe dem Münster. Zwischen den vielen Souvenirshops locken verschiedene traditionsreiche Elsässer Gasthäuser.

ten *Winstubs* der Stadt mit spätgotischem Gewölbe und Spitzbogenfenstern, hier lässt es sich in mittelalterlicher Atmosphäre bestens speisen (s. S. 61). Doch auch in den beiden Stockwerken darüber mit ihrem prächtigen Renaissanceschmuck und den Butzenscheiben, fühlt sich man sich wie auf einer gastronomischen Zeitreise. Chefkoch Guy-Pierre Baumann beglückt seine Gäste in vier Speisesälen mit traditioneller elsässischer Küche auf höchstem Niveau und gilt als der Erfinder der Sauerkraut-Fisch-Kombination.

› 16, place de la Cathédrale, www.maison-kammerzell.com, Tel. 0388324214

5 Place du Marché Gayot ★ [F6]

Hinter der Kathedrale entlang der rue des Frères liegt der **Hotspot für abendliches Ausgehen** in Straßburg. Hier, umrahmt von den allgegenwärtigen Fachwerkfassaden, befinden sich in großer Dichte nebeneinander beliebte Bars, Klubs, Restaurants und Terrassencafés. An diesem 1769 geschaffenen Platz kommt Straßburg dem *nightlife* einer modernen Großstadt am nächsten, wobei das gemischte Publikum leicht in Richtung Hipster und Studenten tendiert.

6 Rue des Juifs ★ [F6]

Der Name dieser sehenswerten Straße weist auf die **lange Tradition als jüdische Händlergasse** hin. Über Jahrhunderte wurden in diesem Sträßchen zwischen der rue des Hallebardes und der rue du Parchemin Geschäfte gemacht, und das ist bis heute so geblieben. Eine ganze Reihe kleiner und kleinster Boutiquen, Mode- und Schuhgeschäfte lockt erfolgreich einheimische und Kunden von auswärts an. Neben dem oft unkonventionellen und trendigen Warenangebot der Läden sind auch die jahrhundertealten Häuser mit ihrem Schmuck und den schönen Innenhöfen eine Besichtigung wert.

7 Historisches Museum (Musée Historique) ★★ [F6]

Ganze zwanzig Jahre lang, von 1987 bis 2007, war das Historische Museum geschlossen und wurde grundlegend restauriert. Es empfängt den Besucher in einem Gebäude, das vor über 400 Jahren errichtet wurde, der sogenannten „Großen Metzig“, dem Schlachthaus. Dieses Haus **zählt zu den am besten erhaltenen Nutzbauten des 16. Jahrhunderts** in Straßburg und hatte in seiner langen Geschichte viele verschiedene Funktionen inne. So diente es nach dem Auszug der Metzger in modernere städtische Schlachthöfe als Feuerwache, Markthalle, Bibliothek, Zeichenschule, Kunstgewerbeschule und als städtisches Depot. Das heutige Museum setzt in Konzeption, Design und Präsentation Maßstäbe und sollte bei einem Besuch der Stadt unbedingt angesteuert werden.

Bis zum Zweiten Weltkrieg lag der Schwerpunkt der Ausstellung auf ei-

KLEINE PAUSE

Das kleine Zollhaus

Wer sich im Historischen Museum über die Geschichte Straßburgs informiert hat, findet im gegenüberliegenden kleinen Zollhaus, dem **Ancienne Douane** (s. S. 58), ein Restaurant, das sich hervorragend zum Ausklang des Museumsbesuchs eignet. Mit traditionellen elsässischen Gerichten nimmt man auf dem Balkon Platz und genießt den Blick auf die Ill.

ner patriotisch-militärischen Perspektive. Als Reaktion auf die deutsche Herrschaft zwischen 1871 und 1918 präsentierte man viele Uniformen und Waffen, Fahnen, Zinnsoldaten, Schlachtendokumente und Ähnliches. Später wurde die Schau allmählich ausgeweitet, sodass auch wirtschaftliche, politische und kulturelle Facetten der Stadtgeschichte zu ihrem Recht kamen.

Die Ausstellung reicht gegenwärtig **vom Mittelalter bis zur Französischen Revolution**, wird aber in einem derzeit entstehenden zweiten Teil über das 19. Jh bis in die Gegenwart fortführen und auch Straßburgs Weg zur „Europahauptstadt" dokumentieren.

Besonders erfreulich ist, dass die rund 1300 Exponate nicht nur in französischer Sprache, sondern auch auf Deutsch und Englisch erklärt werden. Gigantischer Star des Museums ist das 70 Quadratmeter große dreidimensionale **Stadtmodell aus dem Jahr 1727**, das von Ludwig XV. in Auftrag gegeben worden war. In einem sehr attraktiven und modernen Ausstellungsdesign durchstreift der Besucher sowohl die Epoche der Freien

020sb Abb.: tk

Das Historische Museum 7 *mit dem Münster im Hintergrund* 1

Reichsstadt Straßburg als auch die Ära Straßburgs als französische Königsstadt. Einen kostenlosen Audioguide, der auch in Deutsch erhältlich ist, sollte man unbedingt mitnehmen, da manche Stationen erst durch die im Guide enthaltenen Erläuterungen in Gänze verständlich werden.

› 2, rue du Vieux Marché aux Poissons, www.musees.strasbourg.eu, Tel. 038852000, Di–So 10–18 Uhr, Mo geschlossen, Eintritt 6,50 €, ermäßigt 3,50 €

8 Pont du Corbeau ★★ [F6]

Zweiundzwanzig Brücken führen auf die Altstadtinsel. Eine der schönsten, wegen ihrer Lage, und eine der interessantesten, wegen ihrer Geschichte, ist **die Rabenbrücke** *(Pont du Corbeau)*, die eine Verbindung vom bunten Krutenau ins ehrwürdige Kathedralenviertel bildet. Von hier hat man einen schönen Blick zum Historischen Museum (ehemals der städtische Schlachthof) und dem ehemaligen Zollgebäude (Ancienne Douane) an der Rue du Vieux Marché aux Poissons. Der Balkon der Ancienne-Douane-Bierstub (s. S. 58) über der Ill ist im Sommer ein idealer Platz zum Genuss des einheimischen Fassbieres.

Die ältere Geschichte der Brücke hat aber auch ihre finsteren Seiten. Einst wurde sie **„Schintbrücke"** genannt, da hier Schand- bzw. Straftaten brutal geahndet wurden. Kindsmörderinnen und andere Gewaltverbrecher nähte man kurzerhand in einen Sack und warf sie bei lebendigem Leib in den Fluss, wo sie elend ertranken. Für leichtere Delikte wurde man in einen Eisenkäfig gesteckt, der dann „nur" für eine Weile ins Wasser hinunter gelassen wurde, sodass die Täter immerhin nicht zu Tode kamen. Für die besondere Note der Strafe sorgten die Abwässer des Schlachthauses.

Kléber, Gutenberg, Broglie – Leben auf den großen Plätzen

Seine Einwohnerzahl und die Randlage im Land lässt Straßburg als typische Provinzstadt erscheinen. Doch auf seinen großen Plätzen spürt man, dass hier auch regiert und repräsentiert, erfolgreich gehandelt und gut gelebt wurde – und wird.

9 Place Kléber ★ [E6]

Der Place Kléber ist das betriebsame **Zentrum der Straßburger Fußgängerzone.** Nicht gerade ein Schmuckkästchen, zeichnet sich der Platz durch seine Weitläufigkeit und den Status eines Verkehrsknotens aus. Wohl jeder Besucher kommt im Laufe seines Aufenthalts hier vorbei, um ihn gezielt anzusteuern, bietet der Platz aber eher wenig. Namensgeber ist General Kléber, einer der berühmtesten Söhne der Stadt und Oberbefehlshaber des Ägyptenfeldzugs unter Napoleon. Dem Kriegshelden, der im Jahre 1800 in Ägypten ermordet wurde, ist das Bronzedenkmal in der Mitte des Platzes gewidmet. Unter dem Denkmal sind die Gebeine Klébers begraben. Der Norden des Place Kléber wird von der neoklassizistischen **Fassade der Aubette** dominiert. An dieser Stelle erhielten die Soldaten der Garnison einst ihre jeweilige morgendliche Tagesorder (*aube* frz. für „Tagesanbruch"). Die Aubette geht auf Pläne des Pariser Architekten Jacques Francois Blondel zurück und entstand zwischen 1768 und 1780. In der Geschichte ging es auf dem Place Kléber immer wieder martialisch bzw. blutig zu. Während der Französischen Revolution wurden hier Hinrichtungen mit der Guillotine durchgeführt; die Nationalsozialisten nutzten den Platz für militärische Aufmärsche.

KLEINE PAUSE

Cappuccino mit Aussicht

Zwischen den gigantischen Säulen der Opernfront lässt sich bei einem Cappuccino sehr gut ein wenig ausruhen. Das Café de l'opéra bietet hierfür eine stilvolle Gelegenheit und den schönsten Blick auf den Place Broglie.

1 [F5] **Café de l'opéra,** 19, place Broglie, www.cafedelopera.fr, Tel. 0388229851

10 Place Gutenberg ★★ [F6]

Erst seit dem 19. Jahrhundert thront der Mainzer Erfinder des Buchdrucks auf diesem Platz. David d'Angers schuf die Statue, auf der Gutenberg eine Bibelseite mit der Inschrift „und es ward Licht" in der Hand hält, im Jahr 1840. Durch Gutenbergs Wirken in Straßburg (1434–1444) wurde die Stadt früh zu einem **Zentrum der Buchdruckerkunst.**

Unweit der Statue erhebt sich der **Renaissancebau der Industrie- und Handelskammer** (Chambre de Commerce et d' Industrie) und symbolisiert das Selbstbewusstsein der über Jahrhunderte wirtschaftsstarken Metropole des Elsass. Im späten 16. Jh. wurde das Gebäude als Rathaus an einem Platz errichtet, der durch die Vorgängerbauten sogar schon seit dem 14. Jh. Zentrum politischer Macht in der Stadt war. Die Straßen und **Gassen um den Place Gutenberg sind malerisch** und meist sehr belebt, durch eine beliebte (weil so zentrale) Tiefgarage herrscht allerdings auch immer reger Autoverkehr.

11 Place Broglie ★★ [F5]

Zu den bedeutenden historischen Plätzen der Stadt gehört der Broglie-Platz, der im Norden der Altstadt zwischen Place Kléber und Place de la République liegt. Das lang gezogene Areal war einst ein Pferdemarkt und wurde im Jahre 1742 angelegt. Heutzutage ist der Platz in der Adventszeit **einer der Hauptstandorte des legendären Straßburger Weihnachtsmarkts** (s. S. 80). Die Mitte des Platzes schmückt ein Obelisk, der General Leclerc, dem Befreier Straßburgs von der nationalsozialistischen Herrschaft, gewidmet ist.

050sb Abb.: tk

Die vielen imposanten Gebäude, die den Platz säumen, künden von einer blühenden Vergangenheit mit einer reichen Bürgerschaft bzw. einem sehr wohlhabenden Adel. Herausragendes Bauwerk ist das **ehemalige Hôtel de Ville**, das 1731–1736 von Joseph Massol für den Grafen von Hanau-Lichtenberg errichtet wurde. Heute ist hier das Rathaus des Innenstadtviertels untergebracht. In dem Saal „Salle Conrath" des Hôtel de Ville finden bisweilen wechselnde Ausstellungen statt, wobei die Öffnungszeiten je nach Darbietung variieren. Informationen hierzu sind im **Office de Tourisme de Strasbourg et sa Région** zu erfragen (s. S. 101). Im Nordosten des Platzes sieht man das neoklassizistische Gebäude des Opernhauses, der Opéra National du Rhin. Schräg gegenüber der Oper, im Gebäude der Banque de France, so heißt es, habe Rouget de Lisle erstmals die von ihm verfasste „Marseillaise" gesungen.

Eine einzigartige Institution: die Opéra National du Rhin (s. S. 66)

An der Ecke zum Quai Schoepflin lohnt der **Aquädukt**, der 1998 zur 2000-Jahr-Feier eingeweiht wurde, ein Innehalten. Dieses Werk wurde von Tomi Ungerer gestaltet und zeigt einen doppelköpfigen Janus (s. S. 40), der die deutschen und französischen Wurzeln des Elsass symbolisiert.

12 Kirche St.-Pierre-le-Jeune protestant ★ [E5]

Von herausragender **kunstgeschichtlicher Bedeutung** ist die protestantische Kirche Neu-St.-Peter (nicht zu verwechseln mit einer katholischen Kirche gleichen Namens ganz in der Nähe) nördlich des Place Kléber.

Bereits im 7. Jahrhundert stand an dieser Stelle eine auf irische Mönche zurückgehende Holzkirche. Der heutige Betrachter steht vor einer vierschiffigen Basilika mit Querschiff und einem langen Chor. Diese Hauptelemente entstanden zwischen 1250 und 1320 im gotischen Stil. Teile des Westturms und des **absolut sehenswerten Kreuzgangs** dagegen sind der Romanik zuzuordnen und entsprechend älter. Die Ursprünge des Kreuzgangs, der als einer der ältesten nördlich der Alpen gilt, liegen im Jahr 1031. Das Kircheninnere von St.-Pierre-le-Jeune besticht mit gotischen Wandmalereien und einem Lettner aus dem späten 13. Jahrhundert sowie der prachtvollen spätgotischen Trinitatiskapelle, geschaffen von Hans Hammer, dem Erbauer der Kanzel des Münsters.

› place Saint-Pierre-le-Jeune, www.saintpierrelejeune.org, Tel. 0388324161, Palmsonntag bis 1. Nov. So 14.30–18 Uhr, Mo 13–18 Uhr, Di–Sa 10.30–18 Uhr, Adventszeit und Weihnachten tgl. 14–20 Uhr

Am Rande der Ill

Den Rhein kann man in Straßburg leicht übersehen, nicht so die viel kleinere Ill. Dieses Flüsschen prägt das Zentrum der Stadt und an seinen Ufern findet man viele hübsche Flecken und so manche Sehenswürdigkeit.

13 Elsässisches Museum (Musée Alsacien) ★★ [F7]

Um sich einen Überblick über die **traditionelle Volkskunst und Lebensweise** der Menschen im Elsass zu verschaffen, bietet dieses Museum die besten Möglichkeiten. Die ineinander verschachtelten Gebäude aus dem frühen 17. Jahrhundert mit ihren mächtigen Mauern und dem stattlichen Fachwerk erzählen von einer stolzen Vergangenheit. Hier ist alles fest und schwer, derb und gemütlich. Man fühlt sich geschützt wie in einer Burg und kann von einer der uralten behaglichen hölzernen Eckbänke aus den Blick hinüber zum Münsterturm und dem alten Zollgebäude schweifen lassen. Dabei vermittelt die authentische Gestaltung den Eindruck, es handle sich eher um ein privates Wohnhaus als um ein Museum.

Bereits seit mehr als hundert Jahren empfängt man in diesem Renaissancehaus Besucher. 1907 wurde das Elsässische Museum eingeweiht. Die meisten ausgestellten Objekte stammen aus der **Blütezeit des ländlichen Brauchtums** zwischen 1750 und 1860. Bei den Exponaten handelt es sich nicht nur um Mobiliar und Einrichtungsgegenstände wie die wunderschönen Kachelöfen, sondern auch um Bilder, Geschirr, Trachten, Schnitzereien und Spielzeug. Neben dem „bäuerlichen Wohnen" in-

025sb Abb.: mv © Mathieu Bertola

formiert die Sammlung auch über die Bereiche Handwerk, Milchwirtschaft und Weinbau, wobei vor allem Letzterer durch einen historischen Weinkeller mit einer Vielzahl von Fässern und allerlei Winzerutensilien spannend dokumentiert wird.

› 23–25, quai Saint-Nicolas, Mo, Mi–So 10–18 Uhr, Di geschlossen, Eintritt 6,50 €, www.musees.strasbourg.eu

14 Krutenau ★ [G6]

Im Südosten der Altstadtinsel liegt das Stadtviertel Krutenau, dessen Name sich wohl von „Kräuterau" ableitet. Es ist keine so einheitliche Schönheit wie das Areal rund ums Münster oder La Petite France, trotzdem gibt es etwa auf der Rue Ste Madeleine [F6] oder der Rue d'Austerlitz [F7] einiges zu entdecken. Manch beliebtes Restaurant, wie beispielsweise La Cocinelle (s. S. 60), aber auch **Jazzkneipen, Bars und allerlei interessante Geschäfte** sind hier zu finden. Da die meisten Besucher mit der Kathedrale, den Museen und den Haupteinkaufsstraßen genug „zu tun" haben, begegnet man in Krutenau meist Einheimischen oder „Straßburgprofis", die die Hauptsehenswürdigkeiten bereits kennen und nun den Charme dieses Viertels entdecken möchten. Und dieser liegt vor allem in der authentischen, ehrlichen Ausstrahlung des Areals. Das Viertel wurde im 15. Jahrhundert vor allem von Fischern und Gemüsebauern und im 19. Jahrhundert von Arbeitern der umliegenden Fabriken bewohnt, später gesellten sich dann Studenten und Künstler dazu.

Augenschmaus außen, Kunstgenuss innen: das Museum für moderne und zeitgenössische Kunst 15

Théâtre de la Choucrouterie – Kabarett aus der Krautfabrik

Als 1981 Straßburgs letzte Sauerkrautfabrik den Betrieb einstellte, blitzte in dem elsässischen Barden Roger Siffer eine Idee auf: Er wollte in den ehemaligen Räumlichkeiten, in denen früher Sauerkraut hergestellt wurde, eine ***Kabarettbühne mit angeschlossener Weinstube*** *eröffnen. „Wenn die Elsässer Abends ausgehen, ist es immer ein wenig festlich", erklärt Siffer, „egal ob sie ins Theater oder in die Oper gehen, sie gehen immer essen. Deshalb wollte ich, das alles zusammenhängt: die Bühne und die Weinstube." Gesagt, getan: Siffer mietete die ehemalige Sauerkrautfabrik am Rande der Altstadt, nannte seine Bühne in Anlehnung an die Geschichte der alten Gemäuer Théâtre de la Choucrouterie und eröffnete am 2. Februar 1984 ein außergewöhnliches Theater mit angegliedertem Restaurant (s. S. 66). Der Name des Theaters ist auch im Speisesaal Programm: Sieben verschiedene Sauerkrautgerichte stehen zur Auswahl. „Bei uns kann man entweder Essen oder ins Theater gehen oder einfach beides machen", freut sich Theaterdirektor Siffer, dessen „La Chouc" inzwischen Kultstatus erreicht hat. Zwei kleine Bühnen beherbergt das Theater, auf denen Kabarett, Kleinkunst, Chansons und Sketche auf Französisch, Elsässisch und manchmal auch Deutsch zum Besten gegeben werden. Die bissigen, satirischen und oft auch nonsensbeladenen Stücke versprühen stets einen anarchischen Charme und die Atmosphäre, die u. a. durch die Enge der Räume entsteht, ist geradezu familiär.*

Ein besonderes Highlight im „La Chouc" ist die ***Kabarettrevue,*** *die seit über zehn Jahren zum festen Bestandteil des Programms gehört. Während der Revue führen die Schauspieler ihr Repertoire in den zwei Theaterräumen* ***parallel in Elsässisch und Französisch*** *auf. „Wir hatten zwei Bühnen", erinnert sich Siffer, „und da kam ich auf die Schnapsidee, dass wir unser Programm auch zeitgleich spielen könnten." Neun Schauspieler agieren abwechselnd auf beiden Bühnen, ziehen sich zwischen Sketchen und Liedern andere Kleider und Perücken an, rennen von Bühne und zu Bühne und wechseln ständig zwischen den Sprachen. Insgesamt 15 Sketche und 15 Lieder bringen sie so zur Aufführung. Das Publikum bekommt von den fliegenden Wechseln nur wenig mit, weil es sich vor Beginn für einen Raum und damit für eine Sprache entscheidet. Für die Schauspieler aber ist das Programm eine große Herausforderung: „Wenn bei einem Sketch auf der einen Bühne 10 Sekunden mehr geklatscht oder gelacht wird als auf der anderen Bühne, dann fehlen am Ende von der Revue wer weiß wie viele Minuten. Deshalb haben wir ‚Stopflöcher', das heißt, ein Schauspieler erzählt irgendeinen blöden Witz, bis der fehlende Schauspieler von der einen auf die andere Bühne gewechselt ist. Daran sieht man, dass die Abstimmung sehr kompliziert ist", erklärt Siffer die Vorgänge im Hintergrund und fügt hinzu, „es hat auch lange gedauert, bis wir die optimale zeitliche Abfolge erarbeitet haben. 67 Reihenfolgen haben wir schon ausprobiert, aber es passieren immer noch Pannen." Meist bekommt das Publikum von den Pannen nichts mit oder hält sie für ein Teil des Programms: „Ich stand einmal im franzö-*

sischen Programm auf der Bühne und hatte überhaupt keine Lacher", erinnert sich Siffer, „ich dachte bei mir, Mensch, das ist vielleicht ein mieses Publikum heute. Am Ende der Show hab ich dann plötzlich gemerkt, dass ich auf Elsässisch gespielt habe und die Leute einfach zu höflich waren, um sich zu beschweren oder sich gedacht haben, das muss jetzt ein Gag sein, da muss noch irgendwas kommen. Aber es kam nix. Also hatte ich keine Lacher und auch keinen Applaus, weil ich einfach die Sprache verwechselt habe."

Die Sketche der schon zehn Jahre währenden Revue werden regelmäßig ***den aktuellen politischen Ereignissen angepasst*** *– und die Schauspieler lieben bisweilen die Improvisation: „Wir probieren jeden Abend etwas Neues aus – um für uns Abwechslung zu haben, aber auch, damit wir etwas zu lachen haben. Und das springt dann auf das Publikum über." Die Stimmung im Saal ändert sich allerdings je nach Nationalität des Publikums. „Es ist verrückt", lacht Siffer, „aber die Elsässer lachen viel mehr, wenn wir Grimassen schneiden, sie lachen viel über Nonsens, während das französische Publikum mehr über die politischen Sketche lacht. Bei ein und demselben Sketch lachen die Leute an unterschiedlichen Stellen, das macht es auch für uns sehr interessant."*

Amüsant geht es garantiert auf beiden Bühnen zu – egal ob bei der französischen oder der elsässischen Aufführung. Wer allerdings kein Französisch spricht, sollte sich das elsässische Programm anschauen, da die Sprache viele deutsche Elemente enthält.

Ein Kleine-Leute-Viertel ist Krutenau geblieben. Durch das Nebeneinander von Arbeitern, Studenten und Kreativen ist eine **ungezwungene und sympathische Atmosphäre** entstanden, die auch so manchen Touristen in ihren Bann zu ziehen vermag.

⑮ Museum für moderne und zeitgenössische Kunst (Musée d'Art Moderne et Contemporain) ★★★ [D6]

Wer während eines Straßburgaufenthaltes nur ein Museum besuchen will und vor allem moderne zeitgenössische Kunst bevorzugt, ist hier goldrichtig. Das Musée d'Art Moderne et Contemporain (MAMCS) beherbergt eine umfangreiche Sammlung von Malerei über Plastik und Grafik bis hin zur Fotografie.

Zu den nahe gelegenen historischen Bauten an den Ponts Couverts bildet dieser moderne Bau einen spannungsreichen Kontrast. Transparenz und Übersichtlichkeit waren die Leitlinien des Architekten Adrien Fainsilber bei der Konzeption des sehenswerten Gebäudes am Ill-Ufer, das seine Pforten 1998 öffnete. Laut Selbstverständnis des Hauses präsentiert sich hier eine **„umfassende Werkschau der modernen und zeitgenössischen Kunst Westeuropas von 1870 bis zur Gegenwart"**. Die drei großen Sammlungen des Museums – bildende Kunst, grafische Kunst und Fotografie – bilden das Rückgrat der Schau, zu der sich regelmäßig international renommierte Wechselausstellungen gesellen.

Bereits am Beginn des Rundgangs im Erdgeschoss zeigt sich angesichts des „Denkers" von Auguste Rodin, dass der Besucher hier den

EXTRATIPP

Kunst zum Mitnehmen

Der **Museumsshop** im Musée d'Art Moderne et Contemporain (15) ist eine Fundgrube für die ganze Welt der Kunst- und Kulturgeschichte. Von der Postkarte bis zum aktuellen Bildband, von Impressionismus bis Dadaismus, von Monet bis Jean Arp bleibt kein Wunsch offen.

ganz Großen der jüngeren Kunstgeschichte begegnet. Im weiteren Fortgang reihen sich Werke Monets und Gauguins, Picassos, Magrittes, Kandinskys und Exponate aller wichtigen Kunstrichtungen seit dem ausgehenden 19. Jh. aneinander. Dazu zählen neben dem Impressionismus, Expressionismus und Kubismus u. a. der Surrealismus, Dadaismus und die abstrakte Malerei der Nachkriegszeit. Ein besonderer Schwerpunkt liegt, die Adresse des Hauses legt es nahe, auf dem **Werk des Straßburgers Jean bzw. Hans Arp**, dem das MAMCS sogar mehrere Räume widmet. Die wichtige Rolle deutscher Künstler in den vergangenen Jahrzehnten zeigt sich in ausgewählten Werken von Penck, Lüpertz, Baselitz, Immendorff und Jonathan Meese.

Der Besuch in diesem großzügigen und lichten Museum bildet einen echten Gegensatz zu den oftmals engen Gassen und schmalen Bauten der Straßburger Altstadt, auf die sich der Blick durch die gewaltige Panoramafensterfront richtet. Einen kulinarischen Ausklang des Besuchs bietet das farbenfrohe Art Café im Obergeschoss.

› 1, place Hans-Jean Arp, www.musees.strasbourg.eu, Di–So 10–18 Uhr, Mo geschlossen, Eintritt 10 €, ermäßigt 6,50 €

La Petite France und Umgebung

Am südwestlichen Rand der Altstadt Straßburgs liegt das ehemalige Viertel der Gerber, Müller und Fischer: La Petite France. Mangels Autoverkehr, moderner Geschäfte oder Werbetafeln weist hier praktisch nichts auf das 21. Jahrhundert hin – man fühlt sich in frühere Zeiten versetzt. Wohl an keiner anderen Stelle ist Straßburg derart pittoresk, man kann den versammelten Fachwerkzauber aus dem 16. und 17. Jahrhundert nur bestaunen und genießen. Eine besondere Perspektive auf Petite France ergibt sich bei einer Schifffahrt. Die langsam fahrenden Boote müssen hier eine Schleuse passieren, sodass man genug Zeit fürs Sightseeing hat.

(16) Place Benjamin Zix ★★★ [E6]

Dieser malerische Platz ist das Herz von Petite France und für viele Besucher einer der ersten Anlaufpunkte neben dem Münster. Kein Wunder, denn der Platz ist umgeben von einem wunderschönen Fachwerkensemble, das den Betrachter ins Mittelalter zurückversetzt.

Der Place Benjamin Zix ist benannt nach einem Straßburger Künstler, der einst Napoleons Schlachten dokumentierte. An kaum einer anderen Stelle der Stadt spürt man **das besondere mittelalterliche Flair** Straßburgs so stark wie hier.

Postkartenszenerie in La Petite France

KURZ & KNAPP

Die „Franzosenkrankheit“

Der eigenwillige Name La Petite France, „Klein-Frankreich“, rührt von einem Hospital her, in dem im 16. Jahrhundert Syphiliskranke behandelt wurden. Man machte die Franzosen für die Einschleppung der Krankheit verantwortlich, daher die Bezeichnung „Franzosenkrankheit“, und bald hieß das Hospital im Volksmund „La petite France“.

Lange vor unserer Zeit war dies eine übel beleumdete Gegend. Vor allem wegen der Gerber und ihrer unangenehm geruchsintensiven Arbeit mied man diese Straßenzüge: Auf den großen Galerien im Dachgeschoss der Gebäude wurden die Tierhäute nach dem Waschen zum Trocknen aufgehängt. Heute meidet niemand mehr diesen Platz, im Gegenteil, er zählt zu den beliebtesten Orten der ganzen Stadt und meist wird es recht voll zwischen den Souvenirgeschäften, Cafés und Restaurants. Menschenleerer und dafür umso stimmungsvoller ist der Benjamin-Zix-Platz in den Morgen- und späten Abendstunden.

17 Drehbrücke ★ [E6]

Auf der Rue des Moulins quert eine Brücke den Ill-Kanal, die sich zur Verblüffung mancher Passanten regelmäßig in Bewegung setzt. Schon 1880 stand an dieser Stelle eine hölzerne Hebebrücke, die jedoch mühsam über einen Kurbelmechanismus bewegt werden musste. Mittlerweile ist nur noch ein Knopfdruck nötig und der Kanal wird für die passierenden Ausflugsschiffe geöffnet. Kurz darauf können dann die Fußgänger den Übergang wieder nutzen.

› rue des Moulins/rue du Bain aux Plantes

18 Ponts Couverts ★★ [D6]

Mancher Besucher Straßburgs dürfte überrascht sein, wie sehr die Metropole des Elsass von Wasser bzw. Flüssen geprägt ist. Während der breite Rhein am Rand des Stadtgebiets vorbeifließt, ist das Flüsschen Ill schier allgegenwärtig. Dies wird besonders deutlich an den Ponts Couverts, den einstmals mit hölzernen Dächern gedeckten (daher der Name) Brücken, die sich über die Ill-Arme spannen. Es sind sehenswerte Überreste der

026sb Abb.: tk

Stadtmauer aus dem 13./14. Jahrhundert mit mächtigen Türmen, die einst als Gefängnis dienten, aber zwischenzeitlich auch Mühlen beherbergten. Mittels Schleusen und Fallgattern war es im Kriegsfall möglich, bestimmte Stadtteile kontrolliert zu überfluten, um anrückenden Feinden das Eindringen in die Stadt zu verwehren. Ursprünglich waren die Brücken aus Holz, im 19. Jh. ersetzte man sie durch steinerne Fußgängerüberwege. Von den Ponts Couverts bietet sich dem Flaneur ein wunderschöner Ausblick auf die Fachwerkbauten entlang des Ill-Ufers, zum Münsterturm und der historischen Militäranlage Barrage Vauban.

19 Grand Rue ★★ [E6]

„Grand Rue" – das klingt nach Glanz und Pracht, aber die sehr beliebte Einkaufsstraße durch die westliche Innenstadt wirkt eher beschaulich als mondän. Man geht an ehemaligen Handwerkerhäusern aus dem 16. bis 18. Jahrhundert vorbei und bewegt sich dabei **auf einer der ältesten Straßen Straßburgs** überhaupt. Schon vor fast 2000 Jahren waren hier die Römer unterwegs, denn auf der heutigen Grand Rue verlief damals die militärische Verbindungsachse zwischen dem Münsterareal und der heutigen Stadt Saverne im Nordwesten Straßburgs.

Einheimische und Touristen schätzen das **breit gefächerte Einkaufs- und Gastronomieangebot** zu sehr zivilen Preisen. Von der *Winstub* bis zum arabischen Imbiss reichen die Stärkungsmöglichkeiten in den Shoppingpausen. Für viele Besucher hat die Grand Rue eine Art Transitfunktion vom Kathedralenviertel hinüber ins beliebte Petite France.

20 Kirche St. Thomas (Église Saint-Thomas) ★ [E6]

Nicht weit vom beliebten Fachwerkviertel La Petite France trifft man auf einen Quai, eine Straße, eine Brücke und einen Platz, die allesamt nach dem heiligen Thomas, Saint-Thomas, benannt sind. Der Grund: Hier steht die zweitgrößte Kirche der Stadt, eben die Église Saint-Thomas, ein Gotteshaus, das als die **„Kathedrale des elsässischen Protestantismus"** gilt.

Diese Kirche wartet mit einer ganzen Reihe von architektonischen und kulturgeschichtlichen Besonderheiten auf. Der stattliche Bau ist die **einzige Hallenkirche im Elsass** und wurde zwischen dem 12. und 14. Jahrhundert erbaut, wobei zentrale Elemente wie Chor, Querschiff und Vierungskuppel von 1270 bis 1330 entstanden. Im Kern auf romanische Vorgängerbauten zurückgehend, gilt St. Thomas als typisches Beispiel für die elsässische Gotik.

Im Innern der Kirche fallen **zahlreiche Grabdenkmäler** aus rund sieben Jahrhunderten auf. Ein besonderer Blickfang ist das monumentale Grabmal für Marschall Moritz von Sachsen, den Sohn des legendären August des Starken. Moritz bzw. Maurice de Saxe hatte ruhmreich für Frankreich gekämpft und sollte deshalb ein würdiges Grab erhalten. Das Problem jedoch war: Für ihn als unehelichen protestantischen Ausländer war eine letzte Ruhestätte im katholischen Paris nicht möglich. So gab Ludwig XV. ein Grabmal in Auftrag, das der Bildhauer Jean-Baptiste Pigalle im traditionell protestantischen Straßburg realisierte. Das Monument für den Kriegsherrn ist zwar eindrucksvoll, dominiert aber durch seine riesigen

KLEINE PAUSE

Ami Schutz

Eine sehr gute **Bierstube mit gehobener Küche** ist Ami Schutz direkt an den Ponts Couverts. Neben deftiger Hausmannskost werden Spezialitäten wie Sauerkraut mit dreierlei Fisch, Perlhuhn und Kalbsnieren serviert. Bei schönem Wetter ist die Terrasse ein traumhafter Platz mit optimaler Aussicht auf das historische Straßburg.

2 [D6] **Ami Schutz,** 1, Ponts Couvert, Tel. 0388327698, www.ami-schutz.com, tgl. 11.45–14.30 und 18.45–23.30 Uhr (Eine weitere Filiale findet sich in der Rue de Molsheim.)

Maße und vor allem die zentrale Position den ganzen Innenraum der Kirche. Zusammen mit den vielen anderen Sarkophagen ist Saint-Thomas ein wahres Museum der französischen barocken Grabskulptur.

Die Kirche beherbergt eine historisch bedeutsame **Silbermann-Orgel aus dem 18. Jahrhundert.** Deren berühmtester Organist war Wolfgang Amadeus Mozart. Er spielte im Jahre 1778 bei einem zweimonatigen Aufenthalt in Straßburg auf dem Instrument. Der legendäre Tropenarzt Albert Schweitzer rief an diesem Ort Gedenkkonzerte zu Ehren Johann Sebastian Bachs ins Leben, eine bis heute weitergeführte Tradition.

› 11, rue Martin Luther, www.saint-thomas-strasbourg.fr, tgl. 10–17 Uhr, Informationen zu Führungen: Tel. 0388321446

Flanierareal mit Aussicht: Ponts Couverts 18

21 Barrage Vauban ★ [D6]

Das Vauban-Wehr wurde nach Plänen von Sébastien Le Prestre de Vauban nach der Annexion Straßburgs durch Frankreich im Jahre 1681 erbaut, um die mittelalterlichen, nunmehr veralteten Befestigungsanlagen zu verstärken. Man konnte im Verteidigungsfall die Klappen unter den 13 Bögen dieser Kasemattenbrücke schließen und somit das vor ihr liegende Gelände unter Wasser setzen. Damit wurde den anrückenden Feinden das Eindringen in die Stadt verwehrt. Im 19. Jh. wurde das Wehr erhöht und in den 1960er-Jahren wurde eine Panoramaterrasse angelegt, von der man einen schönen Blick auf die Altstadt hat.

027sb Abb.: nw

Das Europaviertel

Im Nordosten Straßburgs liegt das weitläufige Areal mit den drei bedeutenden europäischen Institutionen Europäsiches Parlament, Europarat und dem Europäischen Gerichtshof für Menschenrechte. Diese modernen Bauten sind ein sehenswerter Kontrast zum Fachwerkidyll der Altstadt. In direkter Nachbarschaft an der Avenue de l'Europe befindet sich der Parc de l'Orangerie, der größte und schönste Park der Stadt. Da im Europaviertel kaum touristische Infrastruktur (Restaurants, Bars, Cafés, Geschäfte) vorhanden ist, sollte man sich entweder auf Selbstversorgung einstellen oder sich zwecks Stärkung in Richtung Innenstadt wenden.

⌃ Gestalt mit Symbolcharakter: der Europäische Gerichtshof

› Viel Glas – aber auch viel Durchblick? Das Europäische Parlament

22 Europa-Palais (Palais de l'Europe) ★ [I4]

Die größte und älteste europäische Staatenorganisation, der Europarat, wurde schon im Jahre 1949 gegründet und tagt in einem kantigen Bau des Architekten Henry Bernard, dem Palais de l'Europe. Rund 2000 Abgeordnete aus insgesamt 47 Mitgliedsstaaten sind in dem Aluminium-Glas-Ungetüm hinter der eindrucksvollen Flaggenarmada tätig. Zu ihren zentralen Aufgaben zählt u. a. der Schutz von Demokratie und Menschenrechten sowie die Sozial- und Kulturpolitik. Bereits 1942 regte Winston Churchill die Einrichtung eines Europarats an, heute werden bei den Ratsversammlungen rund 700 Millionen Europäer vertreten.

› avenue de l'Europe, Tram E Station: Droits de l'homme, Bus 6, 30 Station: Droits de l'homme, Besucherservice: Tel. 0033 (0)388412029, E-Mail: visites@coe.int. Besuche des Europarats müssen vorher schriftlich angemeldet und gebucht werden.

㉓ Europäischer Gerichtshof für Menschenrechte (Cour Européenne des Droits de l'Homme) ★ [I3]

Der eigenwillige Aluminiumkomplex dieser Institution wurde vom britischen Architekten Richard Rogers entworfen. Erst in der Vogelperspektive enthüllt sich der Sinn der Gebäudegestalt: Von oben betrachtet hat der Gerichtshof die **Form einer Waage,** bei der die Sitzungssäle die Waagschalen darstellen. In dem komplexen Bau sind außerdem mehrere Hundert Büros untergebracht. Hier wachen Rechtsexperten aus den Nationen des Europarats über die Einhaltung der Grundrechte in Europa.

› allée des Droits de l'Homme, Tram E Station: Droits de l'homme, Bus 6, 30 Station: Droits de l'homme, www.echr.coe.int. Besuche müssen bei der Visitors' Unit gebucht werden: European Court of Human Rights, Visitors' Unit, Council of Europe, 67075 Strasbourg Cedex, Tel. 0033 (0)390215217. Anmeldungen per Mail an echrvisit@echr.coe.int.

㉔ Europäisches Parlament (Parlement Européen) ★★★ [I3]

Der beeindruckende Gebäudekomplex des Europäischen Parlaments ist der „Star" des Areals. Er ist schon von außen, z. B. bei einer Schifffahrt auf der Ill, durchaus sehenswert. Im Innern gleicht der Bau allerdings eher dem Image, das die EU und ihre Bürokratie bei vielen Europäern hat: unüberschaubar, undurchdringlich, ausufernd und befremdlich. **Ein labyrinthisches Gebäude** mit mehr als 1100 Büros, 18 Sälen und einem Plenarsaal. Alles ist vorhanden, von Bars und Restaurants bis zu Friseursalons und Reisebüros. Umgerechnet ca. 400 Millionen Euro kostete der gläserne Koloss mit dem 60 m hohen Turm aus dem Jahr 1999.

Während der Straßburger Sitzungswochen reist ein bunter Tross von 766 Parlamentariern aus 28 Nationen samt Dolmetschern, Sekretären, allerlei sonstigen Mitarbeitern und Journalisten aus Brüssel an, sodass die Einwohnerzahl der Elsassmetropole um einige Tausend steigt.

› allée du Printemps, Tram E Station: Parlament Européen

029sb Abb.: tk

ARTE – der europäische Kulturkanal

Wohl kaum eine andere Stadt ist durch ihre Lage und Geschichte für französisch-deutsche Institutionen prädestinierter als Straßburg. So verwundert es nicht, dass hier der deutsch-französische Fernsehsender ARTE seine Zentrale hat. Dessen Auftrag ist es, „Fernsehsendungen zu konzipieren, zu gestalten und auszustrahlen, die in einem umfassenden Sinne kulturellen und internationalen Charakter haben und geeignet sind, das Verständnis und die Annäherung der Völker in Europa zu fördern."

Die Wurzeln dieses ambitionierten binationalen Vorhabens liegen im Jahr 1990 und dem Engagement François Mitterands und Helmut Kohls. Vertreter Frankreichs und Deutschlands unterzeichneten damals den „Zwischenstaatlichen Vertrag" als Grundlage für den Europäischen Kulturkanal. 1991 erfolgte die Gründung des Europäischen Kulturkanals ARTE (Association Relative à la Télévision Européenne, dt.: „Verein für europäisches Fernsehen") in Form einer Europäischen Wirtschaftlichen Interessensvereinigung (G.E.I.E.). Und ein Jahr später, 1992 schließlich, ging ARTE auf Sendung.

Übergeordnetes politisches Ziel des außergewöhnlichen Projekts war von Anfang an die Stärkung der deutsch-französischen Freundschaft. Aufgrund der strukturellen Unterschiede zwischen dem zentralistischen Frankreich, wo ein starker Staatspräsident große Gestaltungsmöglichkeiten hat, und einem pluralistischen Deutschland, in dem sich der Bundeskanzler gerade in Kulturangelegenheiten mit den Ministerpräsidenten der Bundesländer auseinandersetzen muss, war der Gründungsprozess und der Start von ARTE eine komplizierte Herausforderung für alle Beteiligten.

Schnell zeigte sich, dass beide Nationen und damit auch die jeweiligen Fernsehmacher, obwohl Nachbarn, doch sehr verschieden sind, sodass man an zahllosen Stellen mühsam um Verständigung und Kompromisse ringen musste. Das fängt bereits bei einem unterschiedlich definierten „Kultur-" bzw. „culture"-Begriff an. Eine zusätzliche Herausforderung brachte die genau in die Phase der ARTE-Gründung fallende deutsche Wiedervereinigung, als nunmehr statt 11 sogar 16 Ministerpräsidenten berücksichtigt werden mussten. Trotz aller Startschwierigkeiten hat sich ARTE aber längst unter den öffentlich-rechtlichen Sendern etabliert, wenn auch mit vergleichsweise niedrigen Einschaltquoten (in Frankreich knapp unter 2 %, in Deutschland ca 1 %).

ARTE setzt sich aus der Zentrale ARTE G.E.I.E. (mit Sitz in Straßburg nahe den Institutionen der Europäischen Union) und den beiden Mitgliedern ARTE France (Paris) und ARTE Deutschland TV GmbH (Baden-Baden) zusammen. In der Straßburger Zentrale am Ill-Ufer sind 424 festangestellte Mitarbeiter tätig. Hier in Straßburg wird über die Strategie und den Haushalt des Senders entschieden, werden Programmpläne und Konzepte entwickelt. Außerdem produziert in Straßburg ein deutsch-französisches Redaktionsteam die abendliche Nachrichtensendung „Arte Journal".

Als öffentlich-rechtlicher Sender finanziert sich ARTE zu 95% über die in Frankreich und Deutschland erhobenen Fernsehgebühren.

Bei allen Aktivitäten steht das deutsch-französische und europäische Profil von ARTE im Vordergrund. Gesellschafter der ARTE Deutschland TV GmbH sind die Landesrundfunkanstalten der ARD und das ZDF. Sie produzieren oder erwerben die Programme, die von deutscher Seite ins Programmangebot von ARTE einfließen. ARTE kann europaweit empfangen werden und hat mit den größten öffentlich-rechtlichen Sendern Europas Partnerschaften für Koproduktionen und Programmaustausch geknüpft.

In der öffentlichen Wahrnehmung steht der Sender für Qualitätsfernsehen und niedrige Einschaltquoten, wobei man spätestens seit der jüngsten Programmreform 2012 verstärkt bemüht ist, ein breiteren Zuschauerkreisen zu vermittelndes Programm anzubieten. Flaggschiffe und Markenzeichen sind nach wie vor aufwendige Dokumentationen sowie sogenannte „Themenabende". Klassisches und aktuelles Kino, Live-Übertragungen von Theater- und Opernaufführungen, Jugendkultur und Avantgarde sowie anspruchsvolle Fernsehfilme dokumentieren das Selbstverständnis des Senders als einem europäischen Kulturvermittler.

Die typischen großen Quotenbringer der Fernseh-Branche wie Sportveranstaltungen oder Unterhaltungsshows findet man bei ARTE dagegen nicht. Der Sender versucht, mit Projekten wie einem Programm-Livestream auf www.arte.tv sowie der Mediathek ARTE+7, auch jüngeres Publikum und die so genannten „digital natives" des Internetzeitalters anzusprechen. Mit dem Kinderprogramm ARTE Junior schließlich hat man auch die Zielgruppe der Jüngsten im Blick.

Charakteristisch für ARTE ist, dass alle Sendungen zweisprachig - auf Deutsch und Französisch - produziert und ausgestrahlt werden. Sämtliche Programme sind in zwei Sprachfassungen sowie mit Untertitelung verfügbar. Für die Programmgestalter in Straßburg und den anderen Standorten gehört die Zweisprachigkeit zum Arbeitsalltag.

Dass manche Bereiche trotz aller multikulturellen Ausrichtung (glücklicherweise) eindeutig französisch dominiert sind, zeigt in Straßburg übrigens die Kantine von ARTE, pardon, das ARTE-Restaurant …

› *ARTE G.E.I.E., 4, Quai du Chanoine Winterer, Tel. 0388 142222*

Vor Ort in Straßburg bietet ARTE kein Besuchsprogramm an, auch der Besuch der Kantine ist leider nur den Mitarbeitern vorbehalten. Dafür lädt ARTE seine Zuschauer im Rahmen des bimedialen Konzepts ein, sich online zu beteiligen, und hat zu diesem Zweck das Internetangebot erneut ausgebaut und um die Plattform ARTE Future erweitert:

› *www.arte.tv*
› *ARTE Creative: creative.arte.tv*
› *ARTE Concert: concert.arte.tv*
› *ARTE Future: future.arte.tv*

EXTRATIPP

Besichtigung des Europäischen Parlaments

Einzelpersonen ist es erlaubt, im Europäischen Parlament eine Plenarsitzung zu besuchen. Dafür meldet man sich während der Tagung mit Reisepass, Personalausweis oder Führerschein am Besuchereingang an. Außerhalb der Sitzungen werden keine Besichtigungen für Einzelpersonen angeboten. Der Tagungskalender findet sich auf der Website (s. u.)

Gruppen können jederzeit das Parlament besuchen (außer an offiziellen Feiertagen und arbeitsfreien Tagen). Allerdings unterscheiden sich die Führungen während und außerhalb der Tagungszeiten: Während der Tagung beinhaltet die Besichtigung eine allgemeine Einführung in die Rolle und die Arbeit des Europäischen Parlaments. Möglich ist auch der Besuch der Tribüne, von wo aus die Beratungen der Abgeordneten „live" mitverfolgt werden können. Außerhalb der Tagungen umfasst die Besichtigung zusätzlich zu den allgemeinen Informationen noch eine Führung durch die Gebäude und den Plenarsaal des Europäischen Parlaments sowie eine Videopräsentation.

Die Gruppenbesichtigungen (ab 20 Personen) sind kostenlos und dauern zwischen eineinhalb und zwei Stunden. Allerdings müssen die Besucher mindestens 14 Jahre alt sein und sich vorher schriftlich anmelden. Führungen werden auf Französisch, Deutsch, Englisch, Italienisch und Spanisch gehalten.

› www.europarl.europa.eu. Besichtigungen müssen online gebucht werden. Infos: Tel. 0033 (0)388174001, Mail: epstrasbourg@europarl.europa.eu.

25 Parc de l'Orangerie ★★★ [J4]

Unweit der europäischen Institutionen an der Avenue de l'Europe liegt dieser schönste Park Straßburgs. Weitläufige Rasenanlagen, uralter von Platanen geprägter Baumbestand, Blumenrabatten und viele Sitzbänke laden zur Siesta ein. Zu den beliebten Attraktionen der Orangerie zählen ein künstlicher **Teich mit Bootsverleih**, mehrere kleine Tiergehege und eine **Aufzuchtstation für Störche**, die man häufig bei ihrem majestätischen Flug über das Parkareal beobachten kann. Besonders anziehend für kleine Kinder ist der **Minibauernhof** mit Streichelgarantie der „Bewohner" – Kühe, Ziegen und Esel. In der Mitte des Parks thront der weiße Pavillon Joséphine, benannt nach der Kaiserin an Napoleons Seite.

Vor allem bei schönem Wetter füllt sich der Park häufig mit vielen Spaziergängern, Familien und Kindern und man hört oft alle möglichen europäischen Sprachen, da sich auch die EU-Beamten der nahe gelegenen europäischen Institutionen hier erholen.

› Anfahrt: Tram E Station: Droits de l'homme, Mini Ferme du Zoo (Minibauernhof): Mi, Sa, So 14.15–17.45, Kinder 0,80 €, Erw. 1,60 €

KLEINE PAUSE

Stärkung im Edelrestaurant

Für eine gediegene Stärkung zur Mittagspause oder auch am Abend bietet sich nach einem Orangeriebesuch das berühmte Edelrestaurant **Buehrehiesel** (s. S. 57) an, das sich direkt auf dem Parkgelände nahe dem See befindet.

Das deutsche Viertel

Es ist das wohl repräsentativste und prachtvollste Viertel von Straßburg, das sich nördlich der Altstadtinsel vom Place de la République aus erstreckt. Die Homogenität des Straßenbildes gründet im wilhelminischen bzw. historistischen Baustil der Gebäude, die zum größten Teil während der Zeit des deutschen Kaiserreichs errichtet wurden. Angesichts der Schäden, die durch den Deutsch-Französischen Krieg 1870/12871 entstanden waren, hatten die preußischen Machthaber beschlossen, ein neues Stadtviertel zu bauen. Das Ergebnis ist vor allem für Kunstgeschichts- und Architekturfreunde einen ausgedehnten Spaziergang wert.

⌃ *Repräsentative Pracht am Place de la République*

26 Place de la République ★★ [F5]

An dem kreisrunden Place de la République, fast 500 km von Paris entfernt, atmet Straßburg geradezu hauptstädtisches Flair – man fühlt sich wahrlich nicht wie in der Provinz. Hier, im **Zentrum des sogenannten Wilhelminischen Viertels**, reiht sich ein historischer Prunkbau an den nächsten und eine Parkanlage komplettiert den feierlichen Gesamteindruck. Den Mittelpunkt des Parks bildet das **Monument aux Morts**, ein stilvolles Antikriegsdenkmal von 1936 für die Toten des Ersten Weltkriegs. Es zeigt die trauernde Mutter Elsass, die im Schoß einen im französischen und einen im deutschen Heeresdienst gefallenen Sohn hält.

Vor hundert Jahren hieß der Ort noch „Kaiserplatz“, denn er wurde in der Zeit der wilhelminischen Kaiser angelegt, als Straßburg unter deutscher Herrschaft stand. Demgemäß ist der

Platz von fünf Renommiergebäuden gesäumt, die allesamt vom Ende des 19. Jh. stammen. An der Nordwestseite steht das mächtige **Palais du Rhin** (1884–1889), das ursprünglich als Palast für Kaiser Wilhelm II. diente. Im Nordosten finden sich zwei neobarocke ehemalige Ministeriumsgebäude des damaligen Reichslandes Elsass-Lothringen. Im Osten schließt der Platz mit den der Bibliotheque National und dem Théâtre National ab.

› Tram B, C, E, F Station: République

27 Nationaltheater (Théâtre National de Strasbourg) ★ [G5]

Die Architekten Hartel und Neckelmann konzipierten den Neorenaissancebau, in dem heute das Nationaltheater untergebracht ist. Das Gebäude wurde zwischen 1888 und 1899 errichtet, seit 1911 tagte hier der preußische Landtag. Entsprechend seiner Geschichte und seiner Lage in der Grenzregion zu Deutschland sieht sich das Haus **traditionell dem europäischen Theater verpflichtet.** Regelmäßig werden auch deutschsprachige Aufführungen gegeben. Neben französischen und internationalen Klassikern liegt der Schwerpunkt des TNS-Programms beim **zeitgenössischen Theater.** Das Haus, in das auch eine erstklassige Schauspielschule integriert ist, hat als einzige französische Bühne außerhalb von Paris den Status eines Nationaltheaters. Das integrierte **Theatercafé** ist an jedem Vorstellungstag von 11 Uhr bis 0.30 Uhr geöffnet.

› 1, avenue de la Marseillaise, Tram B, C, E, F Station: République, www.tns.fr, Tel. 0388248824, Vorverkauf Mo–Sa 13–19 Uhr

28 Nationalbibliothek (Bibliothèque Nationale et Universitaire) ★ [G5]

Wie schon das nahe gelegene Nationaltheater wurde auch die Nationalbibliothek von den Architekten Hartel und Neckelmann entworfen und kommt ebenfalls als repräsentativer Prachtbau im Stil der italienischen Renaissance daher. Das Gebäude wurde im Jahre 1894 eingeweiht und beherbergt mit rund 3 Millionen Bänden **die zweitgrößte Bibliothek Frankreichs.** Ursprünglich waren hier preußische Ministerien des ehemaligen Reichslandes Elsass-Lothringen untergebracht. Büsten von Shakespeare, Molière, Dante und anderen großen Dichtern weisen auf die heutige Nutzung hin. Auch wenn es nicht viele Besucher Straßburgs hierher ziehen sollte: Keine Bibliothek in ganz Frankreich verfügt über eine größere **Sammlung deutscher Literatur.**

› 6, place de la République, Tram B, C, E, F Station: République, www.bnu.fr, Tel. 0388252800, Öffnungszeiten Mo–Sa 10–22 Uhr, So 14–22 Uhr

29 Museum Tomi Ungerer ★★★ [G5]

Unweit des Place de la République lockt das Museum zu Ehren des Elsässer Künstlers Tomi Ungerer. Hinter dem wahrscheinlich schönsten französischen Museumskassenhäuschen schlängelt sich ein kleiner Aufgang zur stattlichen neoklassizistischen Villa Greiner, in dem die umfangreiche und unterhaltsame Schau untergebracht ist.

Insgesamt hat Ungerer seiner Heimatstadt unglaubliche 11.000 Zeichnungen als Schenkung überlassen, von denen in wechselnden Daueraus-

Tomi Ungerer

„Das Elsass ist wie eine Toilette in der Mitte Europas: immer besetzt." Auf humorige und zugleich hintersinnige Weise hat Tomi Ungerer seit Jahrzehnten das Schicksal und die Identität seiner Heimat kommentiert und analysiert. Der populärste zeitgenössische Künstler des Elsass, geboren 1931 in Straßburg, versteht sich weder als Franzose, noch als Deutscher – er ist ***Elsässer und Europäer.*** *Seine Kindheit und Jugend waren geprägt von den Auseinandersetzungen der beiden Nachbarstaaten und der nationalsozialistischen Terrorherrschaft.*

Als Schüler in Colmar erlebte Ungerer die Besetzung des Elsass durch die Nazis. Die Familie stand den deutschen Eindringlingen wie die allermeisten Elsässer ablehnend und feindselig gegenüber. „Süffisant", so schreibt er in seinen Kindheitserinnerungen, sagte man in seiner Familie statt „Heil Hitler" keck „Ein Liter". Zweimal musste sich der junge Tomi auf eine neue Unterrichtssprache einstellen, erst durch die Nationalsozialisten, die Deutsch verlangten, nach dem Krieg war es wieder Französisch – das geliebte Elsässisch blieb auch nach 1945 zunächst verboten. Solche und ähnliche zentralistischen Direktiven aus Paris hat Ungerer zeitlebens als „kulturellen Mord" scharf kritisiert. Auch später konnte sich der angehende Künstler ***nicht mit Obrigkeiten und Autoritäten anfreunden:*** *Aus der École des Arts Décoratifs wurde er wegen aufmüpfigen Verhaltens ausgeschlossen, worauf es ihn in die weite Welt zog. Denn ein Defizit, das er dem Elsass attestiert, ist die Enge der Heimat.*

Ungerer heuerte für einige Zeit bei der Fremdenlegion an, bei den Kamelreitern in Algerien. Später war er in Lappland, am Nordkap und ***1956 ging es nach Amerika.*** *In der Tasche hatte er nur 60 Dollar und ein paar Skizzen und Manuskripte. In New York startete der junge Mann durch. Mit seinen Werbegrafiken und Filmplakaten, Texten und Zeichnungen hatte er rasch Erfolg. Ungerer verkehrte in Künstlerkreisen, fand Inspiration und schloß Freundschaften u. a. mit Philip Roth, Saul Bellow und Tom Wolfe. Mit seinen gesellschaftskritischen und auch erotischen Illustrationen und Karikaturen eckte Ungerer bei den Machthabern an, vom FBI wurde er observiert. „Meine Satiren waren härter geworden, das konnten die Amerikaner nicht akzeptieren. Ich wurde im Kongress attackiert, wie ich es wagen könne, Kinderbücher mit erotischen Zeichnungen zu machen. Ich habe geantwortet, dass es ohne Sex nun mal keine Kinder gäbe. Danach war ich in Amerika erledigt", so Ungerer.*

Trotz seiner Erfolge in Übersee blieb Ungerer überzeugter Europäer und kehrte 1975 zurück ins Abendland. Schon bald veröffentlichte er eine deutsche Liedersammlung aus fünf Jahrhunderten: „Das große Liederbuch". Ungerer hat ***keine Berührungsangst gegenüber der deutschen Kultur*** *und wurde deshalb oft von französischen „Patrioten" angefeindet. Sein Liederbuch wurde einer seiner größten Erfolge. Er realisierte das Projekt, weil er es schade fand, dass die Deutschen sich auch Jahrzehnte nach dem Ende der faschistischen Diktatur noch nicht trauten, ihre von den Nazis missbrauchten Volkslieder zu singen.* ☒

Ungerer ist ein Workaholic: Mehr als 40.000 Zeichnungen, etwa 140 Bücher und mehr als 100 Ausstellungen bezeugen seine Umtriebigkeit. Besonders wichtig sind ihm, der schon früh seinen Vater verlor, seit je die Belange und Rechte der Kinder, denen er rund 80 Bücher widmete. Aber sein ***Engagement*** *reicht noch weiter: Er kämpft für den Bestand der Elsässer Kultur und Identität und die deutsch-französische Freundschaft, er setzt sich für Unterdrückte, für Aids- und Krebskranke ein und wo immer er es für nötig hielt und hält, meldet er sich zu Wort. Seine Landsleute hält er für Schnecken: „Die Elsässer sind wie Schnecken, sie ziehen sich gern in ihr Schneckenhaus zurück. Wir sind wie Schnecken: sehr empfindlich. Aber wir haben vier Augen: zwei deutsche und zwei französische."*

Aus dem ehemaligen Enfant terrible ist ein ***Kultkarikaturist*** *geworden, einer, dem seine Heimatstadt schon zu Lebzeiten ein ausgezeichnetes Museum gewidmet hat. Tomi Ungerer, der Straßburg und die Region regelmäßig besucht, lebt seit über vierzig Jahren auf einem Bauernhof in Irland.*

024sb Abb.: nw

stellungen jeweils ca. 300 Exponate gezeigt werden. Mit Kinderbuchillustrationen, Karikaturen, Werbezeichnungen und erotischen Darstellungen präsentiert das Haus **die ganze Bandbreite von Tomi Ungerers Schaffen.** Angesichts der vielschichtigen Werke muss man bald schmunzeln, bald ist man nachdenklich oder einfach köstlich amüsiert. Da sich das Museum auch als „Internationales Zentrum für Illustration" versteht, widmet man sich hier neben Ungerer auch anderen bedeutenden Illustratoren des vergangenen Jahrhunderts.

In einer zweiten Abteilung des Museums werden verschiedene **originelle Spielzeuge** aus Tomi Ungerers Spielzeugsammlung präsentiert; hier sind u. a. optische und mechanische Spielzeuge, Gesellschaftsspiele und Zinnsoldaten zu sehen.

Wegen regelmäßiger Umhängungen und Ausstellungsveränderungen ist das Tomi-Ungerer-Museum manchmal außerplanmäßig geschlossen. Es empfiehlt sich, vor einem Besuch die Website des Hauses zu konsultieren, um aktuelle Informationen einzuholen.

› 2, avenue de la Marseillaise, Villa Greiner, Tram B, C, E, F Station: République, www.musees.strasbourg.eu, Tel. 0368985153, Mo, Mi–So 10–18 Uhr, Di geschlossen, Eintritt 6,50 €, ermäßigt 3,50 €

◁ *Tomi Ungerers Janusbrunnen am Place Broglie* (11)

▷ *Klein, aber fein: der Botanische Garten*

Im Osten des Zentrums – das Universitätsviertel

Im Osten des Zentrums ballen sich Stätten, die das Schöne mit dem Lehrreichen verbinden. Tiere und Pflanzen, die Sterne und die Wissenschaft – rund um die Universität gibt es viel zu entdecken.

30 Botanischer Garten ★ [H6]

Er ist ein kleines Idyll inmitten der Großstadt – der Botanische Garten mit seinen großen und kleinen Fisch- und Froschteichen, seinen Holz- und Steinbänken und den vielen lauschigen Winkeln. Ursprünglich, d. h. im Jahre 1880, wurde der ganz in der Nähe des Universitätspalastes gelegene Botanische Garten für Botanik-, Medizin- und Pharmaziestudenten angelegt. Diese schöne Anlage sei aber nicht nur Studenten, Wissenschaftlern und Botanikfreunden empfohlen, für jeden Straßburgbesucher bietet sich hier ein Ort, um nach dem Besuch von Museen, Geschäften oder Kirchen ein wenig zu verweilen und durchzuatmen.

Gleich am Eingang kann man Kontakt mit einigen süffigen Wahrzeichen der Region aufnehmen: Eine stattliche **Sammlung von Weinreben** aus dem Elsass kündet von der Weinbautradition vor Ort, darunter finden sich die berühmten Klassiker Riesling, Pinot noir, Pinot blanc, Silvaner und Gewürztraminer. Auf rund 4 ha Fläche wachsen im Botanischen Garten rund 6000 Pflanzenarten vom Riesenmammutbaum bis zu Bananenstauden, ein Höhepunkt für Bergfreunde ist das kleine Alpinumgärtchen. In fernen exotischen Ländern wähnt sich, wer durch das Treibhaus mit seinen Palmen, Farnen und Schlingpflanzen streift.

› 28, rue Goethe, Tel. 0368851865, Tram C, E, F Station: Observatoire, http://jardin-botanique.u-strasbg.fr, März/April, Sept./Okt. Mo–So 14–18 Uhr, Mai–Aug. Mo–So 14–19 Uhr, Nov./Dez. Mo–So 14–16 Uhr, Eintritt frei

31 Le Vaisseau ★★★ [I8]

Dieses Mitmachmuseum ist grandios: An Dutzenden von interaktiven Stationen werden den großen und kleinen Besuchern moderne Wissenschaft und Technik anschaulich erklärt. Damit auch jeder etwas davon hat, werden alle Ausstellungen auf Französisch, Englisch und Deutsch präsen-

032sb Abb.: tk

tiert. Anfassen und ausprobieren ist hier überall Pflicht. Das **Highlight des Wissenschaftsmuseums ist die Baustelle**, auf der die Kinder ausgerüstet mit gelben Bauhelmen und orangefarbenen Jacken gemeinsam ein Haus bauen. Die Miniaturbauarbeiter bewegen dabei einen Flaschenzug, der die Schaumstoffsteine transportiert, sie fahren kleine Schubkarren und bedienen Fließbänder. Deutsch-französische Beziehungen entstehen hier ganz einfach, denn die Kinder verständigen sich problemlos mit Händen und Füßen. Das Museum begeistert aber nicht nur die Kleinsten. An den vielen Mitmachstationen sitzen auch die Eltern und erfahren immer wieder etwas Neues. Stärkung bzw. Erfrischung bietet die angegliederte Caféteria.

› 1 bis, rue Philippe Dollinger, Tram C, E Station: Winston Churchill, Bus 30 Station: Danube, Tel. 0369332669, www.levaisseau.com, Di–So 10–18 Uhr, Eintritt 8 € (samstags 6 €, sonst ab 16.30 Uhr 3 €)

32 Zoologisches Museum ★ [H6]

Das Zoologische Museum von Straßburg wurde schon im 18. Jahrhundert mit Exponaten aus dem naturgeschichtlichen Kabinett des Arztes, Naturforschers und Zoologen **Jean Hermann** eingerichtet. Im Laufe der Zeit wuchs die ständig erweiterte Sammlung zu einer der umfangreichsten ihrer Art in Frankreich heran. Der Besuch hier ist ein **informatives und anregendes Erlebnis** auch für Kinder, zugleich ist es eine Zeitreise durch Räume voller Patina, vorbei an uralten Dioramen mit handgeschriebenen Bestimmungskärtchen. Ferne Welten wie die Arktis oder die Anden werden anschaulich in nachgestalteten Landschaften zum Leben erweckt. Sowohl gewaltige ausgestopfte Eisbären und Walrosse wie auch winzigste Vögel, Mäuse und Insekten sind zu bestaunen. Ein spezielles Augenmerk liegt auf der Fauna und Flora der elsässischen Region.

› 29, bd. de la Victoir, Tram C, E, F Station: Université Tel. 0368850485, www.musees.strasbourg.eu, Mo, Mi–So 10–18, Di geschl., 8 €, ermäßigt 4 €

Zoologische Zeitreise: Es muss nicht immer Multimedia sein ...

033sb Abb.: tk

33 Planetarium ★ [I6]

Das Planetarium liegt auf dem Areal der **Sternwarte der Université Louis Pasteur** und bietet sowohl Gelegenheit zur Träumerei in den Sternen als auch zur fundierten astronomischen Fortbildung. Zahlreiche historische astronomische Geräte zeigen, wie lange schon und mit welchen z. T. archaisch anmutenden Werkzeugen der Mensch die **Geheimnisse des Universums** zu lüften versucht. Filmvorführungen, interaktive Shows und Besichtigungen der Großen Kuppel komplettieren das Erlebnis. Mithilfe umfassender Multimediaausstattung und dem gewaltigen Refraktor-Fernrohr wird im Planetariumssaal der Blick auf einen naturgetreuen Sternenhimmel möglich. Je nach Sternenhimmel bzw. Jahreszeit werden im Planetarium auch spannende Sonderveranstaltungen durchgeführt.

› 13, rue de l'Observatoire, Tram C, E, F Station: Observatoire, Tel. 03688 52450, www.planetarium-strasbourg.fr, Eintritt Planetarium und Ausstellung: 6 €, ermäßigt 5 €, Kinder 4 €, Vorführung Observatorium, Planetarium, Ausstellung: 8 €, Kinder 5 €, Mo–Do 9–12, 14–17 Uhr, Mi, So 13.45–17 Uhr (während Ferienzeiten Mo–Fr 10.15–12, 13.45–17 Uhr, So 13.45–17.30 Uhr)

34 Parc de la Citadelle ★ [I7]

Wo man heute Boulespieler, Hundebesitzer und Jogger antrifft, stand einst die fünfeckige Zitadelle, der **Kern der Befestigungsanlage Straßburgs**, einem der damals mächtigsten Wehrgürtel Europas. Die Wehranlage Barrage Vauban 21, wurde vom Festungsbaumeister Sébastien Le Pestre de Vauban (s. Exkurs S. 44) konzipiert.

Während der **Belagerung Straßburgs** im Zuge des Deutsch-Französischen Krieges 1870/71 wurde die Zitadelle von deutschen Batterien bei Kehl wochenlang beschossen und schwer beschädigt. Nach Kriegsende wurde die veraltete bastionierte Stadtbefestigung aufgegeben und Straßburg erhielt ein zeitgemäßeres Festungssystem. Die militärische Bedeutung der Zitadelle endete 1871 nach dem Deutsch-Französischen Krieg.

Im Jahre 1967 schließlich wurde das Areal zum Park umgestaltet. Von der martialischen Vergangenheit künden heute noch die gewaltige Wehrmauer, das grabenumzogene Vorwerk und ein großes Tor. Deshalb umgibt den Park auch keine poetische Atmosphäre wie die Orangerie, er ist aber überaus beliebt bei den Bewohnern des hiesigen Hochhausstadtteils Esplanade.

› rue de Boston/Quai des Belges, Stadtteil Esplanade, Bus 30 Station: Ankara

35 Port Autonome de Strasbourg ★

Der Straßburger Hafen ist der drittgrößte Rheinhafen nach Duisburg und Köln und **der zweitgrößte Flusshafen Frankreichs** nach Paris. Auf einer Fläche von etwa 1000 Hektar sind hier 354 Unternehmen mit insgesamt 13.000 Mitarbeitern ansässig. Der jährliche Warenumschlag beträgt rund 11 Millionen Tonnen. Touristen können das Hafengelände bei einer 2- bis 3-stündigen Hafenrundfahrt kennenlernen, die bis zur Europabrücke und Rheinschleuse führt.

› 15, rue de Nantes, Tram D Station: Aristide Briand, Bus 21 Station: Pont Vauban, www.strasbourg.port.fr, Tel. 0388841413

Vauban – General, Baumeister, Wissenschaftler

Wer auf den Straßburger Ponts Couverts, den ehemaligen gedeckten Brücken steht, hat einen schönen Blick auf das Vauban-Wehr, das die Ill an ihrer breitesten Stelle überspannt. Benannt ist dieser mächtige Bau nach Sébastian Le Prestre de Vauban, dessen Pläne die Grundlage für die Anlage bilden. 1633 in Burgund geboren, wirkte Vauban unter Ludwig XIV., dem legendären „Sonnenkönig", als bedeutender General und war als Festungsbaumeister am Bau von über 150 Festungsanlagen in Frankreich und angrenzenden deutschen Gebieten beteiligt. Nach seiner Ausbildung zum Ingenieuroffizier stand Vauban ab 1653 in französischen Diensten und leitete im Jahr 1658 Belagerungen von Grenzfestungen in den spanischen Niederlanden. Ab 1662 befestigte er Dünkirchen und wurde 1678 Generalinspektors des Festungswesens. In den Kriegen Ludwig des XIV. leitete er zahlreiche Belagerungen. In Straßburg, Metz, Landau/Pfalz und vielen anderen Städten legte Vauban planmäßig Sperrfestungen an, die bis in die 2. Hälfte des 19. Jahrhunderts als uneinnehmbar galten. Im Jahr 1703, im Alter von 70 Jahren, errang Vauban als „Maréchal de France" den höchsten Rang in der königlichen Armee. Der legendäre Festungsbaumeister Vauban durfte schon zu Lebzeiten den Ehrentitel „Ingénieur de France" tragen.

Maßgeblich beeinflusste Vauban den Festungsbau- und -krieg über zwei Jahrhunderte durch die in seinen theoretischen Schriften aufgestellten Grundsätze und Regeln. Ganz im Sinn eines rationalistischen und mechanistischen Weltbildes verstand Vauban die Befestigungs- und Belagerungskunst als mathematische Wissenschaft, in der jeder einzelne „Akt" einer Belagerung im Detail zu berechnen war.

Vauban, der einflussreichste Festungsarchitekt des 17. Jahrhunderts, starb im Jahr 1707 in Paris an einer Lungenentzündung. Auf Veranlassung Napoleons wurde die separat bestattete Urne mit Vaubans Herz im Jahre 1808 in den berühmten Invalidendom in Paris überführt.

054

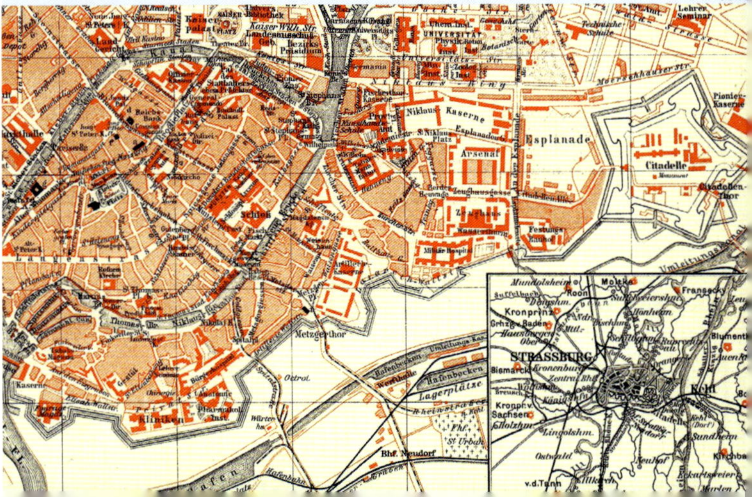

STRASSBURG ERLEBEN

072sb Abb.: fo©Alexi Tauzin

Straßburg für Kunst- und Museumsfreunde

Betrachtet man die breite Palette bedeutender Museen in Straßburg, dann vergisst man rasch, dass man sich in einer vergleichsweise kleinen Stadt in der französischen Provinz befindet. Die Heimat des berühmten Zeichners Tomi Ungerer wartet sowohl mit jahrhundertealten Kulturschätzen als auch mit Gegenwartskunst in modernen Museumskomplexen auf.

Museen

❷ [F6] **Archäologisches Museum (Musée Archéologique).** Im Untergeschoss des Palais Rohan ist das große archäologische Museum untergebracht, das Tausende Objekte von der Frühgeschichte bis zum Mittelalter zeigt (s. S. 17).

⓭ [F7] **Elsässisches Museum (Musée Alsacien).** Eingerichtet in mehreren historischen Stadthäusern, die mittels Treppen und Galerien mehr miteinander verschlungen als verbunden sind, taucht der Besucher tief ein in die ursprüngliche Lebenswelt der Bewohner des Elsass. Die umfangreiche Ausstellung zeigt Wohnungseinrichtungen, Handwerk und Brauchtum, Trachten und Spielzeug aus dem 18. und 19. Jahrhundert (s. S. 24).

❸ [F6] **Frauenwerkmuseum (Musée de l'Œuvre Notre-Dame).** In Nachbarschaft zum Münster präsentiert das Museum sieben Jahrhunderte Kunst der Region. Dabei lernt man u. a. Werke von Nikolaus von Leyden, Conrad Witz und Hans Baldung Grien kennen und begegnet den unschätzbar wertvollen Originalskulpturen vom Straßburger Münster (s. S. 19).

❼ [F6] **Historisches Museum (Musée Historique).** Das historische Museum beschäftigt sich ausführlich mit der Straßburger Stadtgeschichte und behandelt dabei sowohl die politischen und wirtschaftlichen als auch die kulturellen Aspekte. Zu besichtigen sind neben interessanten Stadtmodellen zahlreiche Gemälde, Zeichnungen, Militaria und viele Alltagsgegenstände (s. S. 20).

❷ [F6] **Kunstgewerbemuseum (Musée des Arts Décoratifs).** Das Museum präsentiert eine erlesene Sammlung von Gemälden, Skulpturen, Fayencen (spezielle Töpferwaren), Möbeln und anderen kunstvoll gestalteten Objekten aus dem 17. bis 19. Jahrhundert. Außerdem können die Räumlichkeiten der Fürstbischöfe von Rohan besichtigt werden (s. S. 17).

M 4 **Les Secrets du Chocolat,** rue du Pont du Péage, 67118 Geispolsheim, Di–Sa 10–18 Uhr, So 14–18 Uhr, Eintritt 9,50 €, http://musee-du-chocolat.com. Dieses außergewöhnliche Museum liegt etwa 10 Minuten südlich des Straßburger Zentrums und stellt die beliebte Süßware in all ihren kulturgeschichtlichen Aspekten vor. Im angegliederten Café sind entsprechend viele leckere Schokoladenspezialitäten zu entdecken.

㉛ [I8] **Le Vaisseau.** Das Vaisseau ist eine gelungene Mischung aus Museum und modernem Wissenschaftszentrum. Dutzende von interaktiven Installationen, Lern- und Spielarealen sorgen vor allem bei Familien und Kindern für viel Spaß (s. S. 41).

❷ [F6] **Museum der schönen Künste (Musée des Beaux-Arts).** Dieses Museum befindet sich im prächtigen Palais Rohan und widmet sich der europäischen Malerei von Giotto bis zum

◁ *Der Gipfel des Event-Kalenders: Weihnachten in Straßburg (s. S. 80)*

023sb Abb.: mv © Mathieu Bertola

späten 19. Jahrhundert. Zweifellos ein Muss für Kunstfreunde in Straßburg (s. S. 17).

15 [D6] **Museum für moderne und zeitgenössische Kunst (Musée d'Art Moderne et Contemporain).** Das 1998 eröffnete Museum beeindruckt schon durch seinen transparenten Bau, für den der Architekt Adrien Fainsilber verantwortlich zeichnet. Die Ausstellung zeigt einen hervorragenden Querschnitt durch die westeuropäische Kunst seit dem ausgehenden 19. Jahrhundert (s. S. 27).

29 [G5] **Museum Tomi Ungerer.** In der schönen Villa Greiner präsentiert das Museum Tomi Ungerer eine umfassende Sammlung des Elsässer Künstlers. Ungerer überließ seiner Heimatstadt insgesamt mehr als 10.000 Zeichnungen und Illustrationen, von denen in wechselnden Dauerausstellungen jeweils rund 300 Objekte gezeigt werden (s. S. 38).

33 [I6] **Planetarium.** Das Planetarium befindet sich auf dem Gelände der Sternwarte, die schon im Jahre 1881 errichtet wurde. In den lehrreichen Multimediashows und Filmvorführungen werden dem Besucher die Geheimnisse des Sternenhimmels nahegebracht (s. S. 43).

Klassizistische Pracht an der Ill: das Palais Rohan 2

M5 [C6] **Voodoo-Museum (Château Musée Vodou),** 4, rue de Koenigshoffen, www.chateau-vodou.com, Mi–So 14–18 Uhr, Besichtigung nur nach Anmeldung, Eintritt: 14 €, erm. 8 €. Gegründet und finanziert wurde das 2014 eröffnete Château Musée Vodou, das sich den traditionellen Religionen Westafrikas widmet, von dem Straßburger Sammler Marc Arbogast. Es ist in einem historischen Wasserturm aus dem 19. Jahrhundert untergebracht, in dem einst das Wasser für die Dampflokomotiven des nahen Bahnhofs gespeichert wurde. Skulpturen, Puppen, Masken, Kostüme und viele andere Objekte; zudem Führungen, Vorträge und Filme sowie Kunstinstallationen und Veranstaltungen für Kinder.

32 [H6] **Zoologisches Museum.** Bis ins 18. Jahrhundert zurück reichen die Ursprünge des Zoologischen Museums. Historische Schaubilder mit gewalti-

Hans Arp – Jean Arp: ein Künstlerleben

Er war einer der ganz wenigen großen „Allroundkünstler" des 20. Jahrhunderts - Hans bzw. Jean Arp, der 1886 in Straßburg geboren wurde und sowohl als Maler und Bildhauer, Grafiker und Dichter wirkte. Als ***Mitbegründer des Dadaismus*** *und Vertreter des Surrealismus ist er fester Bestandteil der europäischen Kunst- und Literaturgeschichte. Schon sehr früh lehnte Arp die traditionellen bürgerlichen und akademischen Kunstideale ab und suchte zeitlebens nach neuen künstlerischen Wegen und Ausdrucksformen.*

Er wurde in ein Straßburg hineingeboren, das Teil des deutschen Kaiserreichs war; Deutsch war seine Muttersprache und deutsche Dichter wie Novalis, Brentano und Tieck beeindruckten ihn in seiner Jugend. Schon früh erlernte der junge Arp aber auch die französische Sprache und sollte später selbst Teil des französischen Kunst- und Kulturbetriebs werden. Von 1904 bis 1908 studierte Hans Arp an der Kunstschule Weimar und der Académie Julian in Paris. Im Jahr 1911 war er Mitbegründer der Künstlervereinigung „Moderner Bund" und knüpfte über Wassily Kandinsky Kontakte zum „Blauen Reiter". In den 1910er- und 1920er-Jahren wurde Hans Arp mehr und mehr zu einer ***festen Größe in der Kunstszene des deutschsprachigen Raums.*** *Charakteristisch für Arps Arbeitsweise und Werdegang ist die große Bedeutung, die verschiedene Künstlervereinigungen für ihn immer wieder hatten. Neben dem „Blauen Reiter" waren es die Gruppe „Abstraction-Création", später die Dadaisten, Surrealisten und seine Frau Sophie Taeuber-Arp, mit denen er zusammenarbeitete. In seiner frühen Schaffensphase waren vor allem Tristan Tzara, Hugo Ball und Richard Huelsenbeck seine Weggefährten.*

Zu seinen zentralen Wirkungsstätten jener Zeit gehörte Zürich, wo er sich regelmäßig u. a. mit diesen drei Künstlerkollegen im legendären Café Voltaire traf. Von hier aus trat auch die Dada-Bewegung ihren Siegeszug durch die Kunstgemeinde Europas an. „Dada ist die Revolte der Ungläubigen gegen den Unglauben. Dada ist die Sehnsucht nach Glauben. Dada ist der Ekel vor der albernen verstandesmäßigen Erklärung der Welt", so Arp. Der Künstler sieht im Dadaismus die Möglichkeit, eine Kunstform zu schaffen, die den Zufall, den Automatismus und das Unbewusste zum Prinzip erhebt. Ganz umtriebiger Avantgardist wechselte der gebürtige Straßburger immer wieder seine Wohn- und Wirkungsorte. Nach seiner fruchtbaren Zeit in Zürich zog es ihn 1919 nach Köln, wo er Freundschaft mit Max Ernst schloss, mit dem er ***politisch-provokante Werke im Geiste des Dadaismus*** *realisiert. 1920 beteiligte sich Arp an der Ersten Internationalen Dada-Messe in Berlin und veröffentlichte den Gedichtband „Die Wolkenpumpe", in dem er sich wieder des Zufalls als Gestaltungsprinzip bediente.*

1922 heiratete er die ***Künstlerin Sophie Taeuber,*** *die er bereits 1915 in Zürich kennengelernt hatte und mit der er kongenial künstlerisch zusammenarbeitete. In den nächsten Jahren schuf er mit ihr u. a. über 800 Reliefs* *aus „biomorph" konstruierten, übereinander gelegten bemalten Holzplatten, die das Prinzip der Collage in freie, oft winzige Formfindungen übertragen. Zu seinen vielfältigen Schaffensbereichen zählen auch Kunstzeitschriften: Er illustrierte die Zeitschrift „Dada", die von Tzara herausgegeben wurde, und arbeitete eng mit Kurt Schwitters für die Publikationsreihe „Merz" zusammen. Anhaltender Grundton waren hier Kritik und Spott an der nationalistischen und materialistischen Kultur des Bürgertums.*

Als sich in Frankreich aus dem Dadaismus der ***Surrealismus*** *weiterentwickelte, war Hans Arp mit von der Partie. Er beteiligte sich an verschiedenen Projekten und Ausstellungen in Paris und hatte ab 1926 auch die französische Staatsbürgerschaft. Nach seiner dadaistischen Periode war es das Anliegen von Arps Kunst, die stete Wandlung der Natur mit ihren inneren Wesenskräften zu veranschaulichen. Immer öfter schuf er nun Freiskulpturen aus Marmor oder Bronze und legte das Fundament zu seinem Status als einem der wichtigsten und wirkungsmächtigsten* ***Bildhauer*** *des 20. Jahrhunderts. Wie auf Reliefs und Papieren veranschaulichte Arp auch mit seinen berühmten Plastiken das Werden und Vergehen in Form von weich fließenden, ineinander übergehenden Massen. Vielfach werden seine Schöpfungen als Synthesen aus Surrealismus und Abstraktion begriffen.*

⊡ Hans Arp - ein Allrounder aus Straßburg

042sb

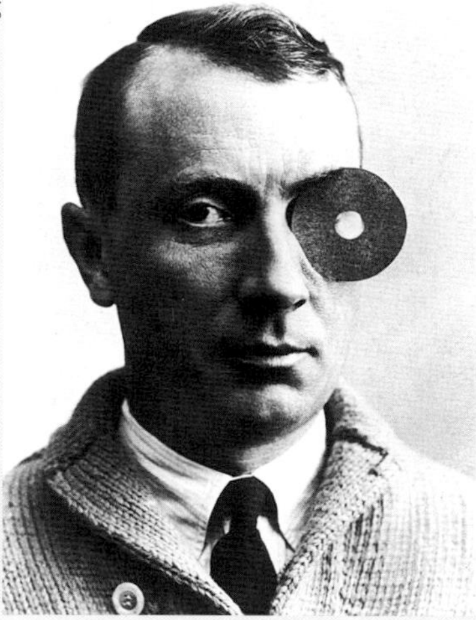

Wie die Werke fast aller namhaften modernen Künstler wurde auch das Schaffen Hans Arps ***von den Nationalsozialisten als „entartet" gebrandmarkt.*** *Längst hatte Arp damit begonnen, seine Lyrik vermehrt in Französisch zu verfassen und aus Protest gegen den Nazi-Terror nannte er sich nunmehr „Jean". Neben Weltkrieg und deutscher Besatzung fiel in die 1940-Jahre auch ein großer persönlicher Schicksalsschlag für Arp, als seine Ehefrau Sophie Taeuber-Arp 1943 in Zürich an einer Kohlenmonoxidvergiftung starb. Ob es sich dabei um einen Freitod handelte, wurde nie restlos geklärt. Unter diesem Verlust litt Arp lange Jahre. Viel später, im Jahr 1959, heiratete er seine langjährige Freundin Marguerite Hagenbach. Hans Arp starb 1966 in Basel an einem Herzinfarkt.*

gen Exponaten wie Walross, Eisbär oder Hirsch in liebevoll gestalteten Landschaften begeistern die Besucher. Etwas in die Jahre gekommen, aber gerade knarrende Holzdielen und handgeschriebene Bestimmungskärtchen machen auch den Charme dieses Hauses aus. Es gehört in seiner Art zu den größten naturkundlichen Sammlungen in Frankreich (s. S. 42).

Kunstgalerien

6 [F5] **Galerie Daniel Guidat Aktuaryus,** 23, rue de la Nuée Bleue, Di–So 10–13 Uhr, 14–19 Uhr. Wer sich nicht nur für Malerei, sondern auch für Glaskunst, Keramik- und Bronzearbeiten interessiert, der ist in dieser traditionsreichen Galerie richtig. Zur französischen und international aufgestellten Künstlerriege der Galerie zählen zum Beispiel Aurelie Abadi, Jean-Paul Donadini, Yves Trucchi und Simon Muller.

7 [F6] **Galerie Lacan,** 31 quai des Bateliers, Tel. 0388368411, www.collection-lacan.com, Mo–Sa 9–12 Uhr u. 14–19 Uhr. Eine sympathische, kleine Galerie, in der vor allem Grafiken, Gemälde und Skizzen gezeigt und angeboten werden. Hier trifft man auch auf elsässische Künstler.

8 [F6] **Galerie Nicole Buck,** 4, rue des Orfèvres, www.galerienicolebuck.net, Do–Sa 14.30–19.30 Uhr. Die Galerie befindet sich versteckt in der 2. Etage eines alten Hauses und hat sich auf zeitgenössische Kunst spezialisiert und stellt neben französischen auch die Werke internationaler Künstler aus.

9 [E6] **Galerie Pascale Froessel,** 14, rue des Dentelles, www.galerie-pascale-froessel.fr, Di–Sa 10.30–12 u. 15–19 Uhr. Die Eigentümerin Pascale Froessel gibt Newcomern eine Chance und legt ihr Augenmerk dabei vor allem auf naive Malerei. Ausgestellt werden regelmäßig Werke von Jean-Paul Milleliri, Emile Rampelberg oder Michel Beszie.

Das Frauenwerkmuseum beim Münster (s. S. 46)

Straßburg für Genießer

Wer gern reichlich, deftig und salzig isst, für den ist Straßburg ein Paradies. Die traditionelle elsässische Küche ähnelt in vielen Bereichen eher der deutschen als der Haute Cuisine Frankreichs. Sowohl die vielseitigen Wurstspezialitäten als auch das breite Brotangebot erinnern an zu Hause.

Zwischen Flammkuchen und Gänsestopfleber – die elsässische Gastronomie

In den typischen Gasthäusern bzw. *Winstubs* frönt man einer nahrhaften Hausmannskost, die regionale Produkte und Rezepte in den Mittelpunkt stellt. Zu den bekanntesten und dabei sehr preiswerten Speisen gehören die vielfältigen **Variationen des Flammkuchens** (elsässisch *Flammekueche*), eines hauchdünn gebackenen Brotteigs, der in seiner klassischen Form mit Crème fraîche, Speck und Zwiebeln belegt ist. Je nach Laune kann dieser leckere Verwandte der Pizza in große Stücke zerteilt und dann gerollt mit den Fingern gegessen werden.

Die Einkehr in einer **Straßburger Winstub** (s. S. 59) sollte man sich bei einem Besuch der Stadt nicht entgehen lassen, denn diese Lokalitäten sind urtypisch fürs Elsass. Vielfach seit Generationen betrieben und meist eingerichtet in jahrhundertealten Fachwerkhäusern ist mit einer *Winstub* rustikale Gemütlichkeit verbunden. Hinter den dicken uralten Butzenscheiben empfangen die Gäste einfache Stühle und derbe Tische mit rot-weiß-karierten Tischdecken. Auf der Speisekarte gilt das Motto „Vom Schwein isst sich alles". Alle nur denkbaren Wurst- und Fleischkreationen zeigen schnell, dass die *Winstub* **nichts für Vegetarier** ist. Selbstverständlich finden sich überall ein, zwei Alibi-Salate, doch das Kerngeschäft bleiben *Knacks* (Brühwürste) und *Wädele* (Schweinshaxe). Und aufgepasst, auch hinter dem häufig anzutreffenden Wort *Choucroute* (elsäss. *Sürkrüt*), also „Sauerkraut", versteckt sich in Wahrheit ein Fleischgebirge auf einem Krauthügel. Gewöhnlich wird das heimliche Nationalgericht der Region mit Räucherfleisch und Würsten serviert; die Gourmetvarianten kommen mit Fisch, Ente oder auch Schnecken daher. Ebenso beliebt und allgegenwärtig auf den Straßburger Speisekarten ist der *Bäckeoffe,* ein überaus stärkender Eintopf mit dreierlei Fleischsorten (Rind, Schwein, Hammel), Kartoffeln und Gemüse. Diese in elsässischem Weißwein marinierte Herrlichkeit wird im Römertopf gegart und war ursprünglich ein Arme-Leute- bzw. Reste-Essen.

Laut Tomi Ungerer, dem großen Straßburger Karikaturisten und überzeugten Elsässer, nimmt man in seiner Heimat stets „das Beste von beiden Seiten. Das ist sogar im Essen so: **französische Qualität und deutsche Portionen.**" Demgemäß gibt es neben den vielen zünftigen Einkehrmöglichkeiten in Straßburg und seinem Umland frankreichweit (wenn man von Paris absieht) die größte Dichte von Restaurants, die mit Hauben, Mützen und Sternen ausgezeichnet sind. So kommen hier nicht nur die Gourmands, die ja gern gut und vor allem gern reichlich essen, sondern ebenso die Gourmets auf ihre lukullischen Kosten. Das Flaggschiff der „Haute Cuisine Strasbourgoise" ist die *Foie gras,* die Gänseleberpastete (elsässisch *Ganslewer*) mit Weingelee, Toast oder Brioche. Eine andere typische Köstlichkeit der gehobenen Küche ist der *Coq au Riesling*, ein mit Riesling gelöstes und mit einer Rahmsoße angereichertes Hähnchen, das mit Spätzle bzw. Nudeln gereicht wird. Dass solche Gerichte nach einem guten Wein aus der Region verlangen, versteht sich von selbst.

Wer ein schönes Café, einen Salon de thé oder einfach eine Konditorei betritt, wird feststellen, dass auch die **Kuchenkultur im Elsass** absolut begeisternd ist. Ob Äpfel oder Heidelbeeren, Rhabarber oder Zwetschgen – schier jedes Obst wird als leckerer Belag für Kuchen *(tartes)* verwendet. Sehr zu empfehlen ist auch der Hefe-Napfkuchen Gugelhupf (elsäss.: *Kougelhopf*), den man süß mit getrockneten Rosinen und ganzen Mandeln oder salzig mit Speck und Nüssen erhält. Die typischen Backformen für den Gugelhupf in unterschiedlichsten Ausführungen sind übrigens ein schönes Souvenir oder Mitbringsel aus dem Elsass.

Kleine Sprachhilfe zur elsässischen Küche

Agneau	Lamm
Anisbredle	Anisplätzchen
Asperge	Spargel aus dem Elsass (immer von April bis Mai)
Bäckeoffe	Bäcker-Eintopf mit Kartoffeln und drei Fleischsorten in elsässischem Wein
Bierwurscht	Bierwurst mit Senfkörnern
Bergkäs	Hartkäse
Bibeleskäs	Weißkäse
Birewecke	Früchtebrot
Boudin	Blutwurst
Burespeck	geräucherter Speck
Chinois	Schneckenkuchen
Chou rouge	Rotkohl mit Äpfeln und Kastanie
Choucroute	Sauerkraut
Coq au Riesling	Hahn in Riesling
Dampfnüdle	Dampfnudeln im Schmortopf gekocht
Escargots	elsässische Weinbergschnecken
Flammekueche	Flammkuchen
Fleischkiechle	Hackfleischklopse
Fleischschnacka	Schnecke aus Nudelteig und Gehacktem
Foie Gras	Gänseleberpastete
Griesknepfle	Griesklößchen
Grumbeerekiechle	geriebener Kartoffelpuffer
Grumbeereknepfle	Kartoffelklößchen
Harengs	Rollmops in Essig- oder Rahmsoße mit Kartoffeln
Hasepfeffer	Hasenpfeffer in mariniertem Blut und Rotwein
Jambonwurst	Schinkenwurst
Kassler	Karree und Filet vom geräucherten Schwein (kalt oder warm serviert)
Knacks	Brühwurst
Knepfle	Klöße
Kougelhopf	Gugelhupf

Kulinarischer Tagesablauf

Die traditionellen Mahlzeiten, die der Straßburger bzw. Elsässer täglich zu sich nimmt, zeigen einmal mehr, dass hier zwei Kulturen zueinander finden: Frankreich und Deutschland. Während das **Frühstück** *(petit déjeuner)* im übrigen Frankreich meist recht schmal daherkommt, ist es im Elsass häufig auf fast deutsche Weise reichhaltig bzw. deftig. So genügt dem Pariser ein Café au Lait mit einem frischen Croissant oder einem Stück Marmeladenbaguette. In Straßburg dagegen wird morgens gern auch etwas Wurst oder Käse, Ei oder ein gutes Stück Gugelhupf verzehrt.

Bei **Mittag- und Abendessen** sind die Sitten typisch französisch. Beide Mahlzeiten werden sehr wichtig genommen und können durch viele Gänge recht ausschweifend und entsprechend zeitaufwendig werden. Hierbei geht es in der Feinschmeckernation um alles, nur nicht um die blo-

Lebkueche	Lebkuchen
Lewerknepfle	Leberklöße (vom Schwein oder Rind)
Matelote	Filets von verschiedenen Flussfischen
Mendiant	Süßspeise aus Eierkuchenteig und Kirschen
Munster	feiner Weichkäse aus Rohmilch mit gewaschener Rinde
Navets salés	saure Rüben
Nid d'abeilles	Bienenstich
Nouilles	Nudeln
Oie	Gans
Paté en croute	kalte Pastete in Blätterteig (mit Schweine- und/oder Rindfleisch)
Pflüte	Klöße aus Kartoffeln und Lauch
Pot-au-feu	Tafelspitz (nach dem Sauerkraut eines der ältesten Gerichte im Elsass)
Presskopf	Schweinskopfsülze in Gelee
Quetsche	Zwetschgen aus dem Elsass
Roigebradeldi	gekochte Kartoffel ohne Schale, mit Zwiebeln und Speck geschmort
Salade de pommes de terre	Kartoffelsalat
Salade de pot-au-feu	Suppenfleischsalat
Schiffala	Schweineschulter
Süri Nierle	saure Nieren aus Kalbfleisch
Tarte à l'oignon	Zwiebelkuchen
Tarte flambée	Flammkuchen
Tomme „Prés du Ried"	Hartkäse aus der Riedebene
Tourte	Fleischtorte
Truite	Forelle blau
Wädele	Schweinshaxe

Gastro- und Nightlife-Areale

Bläulich hervorgehobene Bereiche in den Karten kennzeichnen Gebiete mit einem dichten Angebot an Restaurants, Bars, Klubs, Discos etc.

KURZ & KNAPP

Elsässische Spezialitäten

- **Elsässer Brezeln**
  Die Herstellung von Brezeln geht auf das 12. Jahrhundert zurück. Sie sind das Symbol (man sieht darin dreimal die Sonne) der elsässischen Bäckereien.
- **Sauerkraut auf Elsässisch**
  Unter dem Namen *Choucroute* bzw. *Sürkrüt* (elsäss.) erhält man das klassische in Weißwein gekochte Sauerkraut, das traditionell mit geräucherten Fleischsorten, Würsten und Kartoffeln gereicht wird. 75 % der französischen Sauerkrautproduktion kommt aus dem Elsass.
- **Gugelhupf**
  Ein Star der elsässischen Backkultur ist der Gugelhupf, auf Elsässisch: *Kougelhopf.* Es handelt sich um einen Kuchen aus Hefeteig, der mit getrockneten Rosinen und ganzen Mandeln oder, in der salzigen Variante, mit Speck und Nüssen erhältlich ist.
- **Schweinshachse**
  Wädele nennt sich auf Straßburger Speisekarten die Schweinshachse. In der Regel gibts die große Fleischportion mit Kartoffelsalat bzw. Bratkartoffeln und Meerrettich.
- **Bibeleskäs**
  Bibeleskäs ist ein mit grünen Kräutern gewürzter Weißkäse bzw. Quark, der meist mit Bratkartoffeln oder Kartoffeln serviert wird.

ße Nahrungsaufnahme. Als leidenschaftliche Esser, die einen Gourmets, die anderen eher Gourmands, lassen es sich die Elsässer in der Regel zwei Mal warm schmecken. Wie in anderen französischen Regionen auch findet das Mittagessen bei Straßburgern recht früh, d.h. um 12 Uhr statt und auch das Abendessen wird bereits um 19 bzw. 19.30 Uhr genommen und kann bis weit in die Nacht hinein dauern.

Bezüglich **Restaurants** lassen sich in Straßburg und dem Elsass drei Kategorien unterscheiden: Die **Winstub** (bzw. *Bierstub*), das **gutbürgerliche oder internationale Restaurant und die Feinschmeckerlokale**, die häufig mit Hauben und Sternen ausgezeichnet sind. Erstere sind bekannt für ihre großen Portionen von meist schweren Speisen (Fleisch, Würste, Sauerkrautvariationen) und den verschiedensten sonstigen elsässischen Spezialitäten wie Flammkuchen, *Bibeleskäs* und *Bäckeoffe.* Typisch ist für *Winstubs* ihre rustikale Gemütlichkeit mit schlichtem Mobiliar, Fachwerkbalken, Butzenscheiben und Keramikkaraffen im insgesamt historischen Ambiente. In die Weinstuben geht man in der Regel, um mittags oder abends zu essen, daher schließen die meisten *Winstubs* über den Nachmittag im Gegensatz zu Bistros, Cafés und Brasserien. Deutlich gediegener als in einer *Winstub* ist die Atmosphäre in gutbürgerlichen Restaurants, die häufig etwas edler oder moderner eingerichtet sind und auch leichtere Kost anbieten. Vielfach verbinden sich hier vegetarische Gerichte, Salate, Suppen und exquisite Fischspezi-

› *Ungewöhnlich für Straßburg: Kaffee und Kuchen im Grünen*

alitäten mit zwei, drei obligatorischen Elsässer Gerichten wie einer Gänsestopfleber oder einem *Coq au Riesling*. Hier wie in den Gourmettempeln kommt neben der Küche dem kultivierten Weingenuss Bedeutung zu.

Empfehlenswerte Lokale

Cafés und Salons de thé

10 [G6] **Bagelstein,** 18, rue des Bateliers, Mo/Di 7.45–21.30, Mi 7–21.30, Sa 8–21.30 Uhr. Unter dem Motto „The old-fashioned homemade Bagel" bietet das Bagelstein eine große Palette köstlicher süßer und salziger Bagels. Preiswerter als hier kann man in Straßburg kaum frühstücken.

11 [E6] **Bloom,** 2, place des Meuniers, Mo–So 9–19 Uhr. Das kleine Bistro in La Petite France eröffnete erst Ende November 2017. In puristischem Ambiente werden neben den französischen Café-Spezialitäten auch Suppen, Hot Dogs und Quinoa angeboten. WLAN.

12 [H5] **Café Brant,** 11, place de l'Université, Mo–Sa 7–21 Uhr, So ab 8 Uhr. In dem Studentencafé treffen sich bisweilen auch die Korrespondenten der Stadt. Die Einrichtung stammt noch aus den 1930er-Jahren, im Sommer werden einige Tische vor die Tür gestellt.

13 [E6] **Café Bretelles,** 36, rue du Bain-aux-Plantes, Di–Sa 10.30–18 Uhr. Dieser ziemlich junge „Laden" versteht sich als Literatur- bzw.Kulturcafé und beglückt seine Gäste mit Lesungen und kleineren Konzerten. Im sachlich-schlichten Ambiente gibt es u. a. Biotees und Schokoladenkreationen plus Mittagstisch.

14 [E6] **L'atelier 116,** 116, grand rue, Mo–Sa 7–19, So 8–18 Uhr. Zahllose Brotsorten, Kuchen, Sandwiches, Wraps und Salate, auch zum Mitnehmen – diese beliebte Bäckerei schafft den Spagat zwischen Tradition und Szene-Coolness. Während man vorne an den Auslagen nicht selten Schlange stehen muss, gibt es hinten auch einige Sitzgelegenheiten z.B. für ein Frühstück.

15 Le Jardin du Pourtalès, 161, rue Mélanie, Tel. 0388457517, tgl. 10–22 Uhr. Das wunderschöne Gartencafé ist im Pförtnerhaus am Eingang zum Parc de Pourtalès untergebracht und verzaubert durch seine idyllische Lage. Neben den typischen Kaffeehausspezialitäten wie Eis und Kuchen (köstlicher Apfelkuchen!), gibt es auch typisch elsässische Gerichte wie Flammkuchen.

16 [F6] **Le Raven,** 5, place du Corbeau, Ecke quai St. Nicolas, So–Do 7–1.30 Uhr, Fr/Sa 7–3 Uhr. Im Sommer sitzt es sich an den Holztischen auf der Außenterrasse sehr nett, wenn auch die Straße direkt vor der Nase manchen etwas stört. Innen überzeugt Le Raven mit hellem Holz, einer modernen langen Theke und tollen Lichteffekten am Abend. WLAN.

047sb Abb.: tk

17 [F6] **Le Roi et son Fou,** 37, rue du Vieil Hôpital, Tel. 0388232222, Mo–Sa 8–20 Uhr, So 9–20 Uhr Dieses gediegene Café befindet sich zwar in unmittelbarer Nachbarschaft zum Münster, es liegt aber versteckt und eher ruhig in einer kleinen Seitenstraße. Lange, rote Lederbänke mit Messingbeschlägen verströmen den Charme vergangener Epochen. Die Außenterrasse ist ganzjährig sehr beliebt, denn im Winter wird sie beheizt. WLAN.

18 [E6] **Paul,** Salon de thé, 41, rue de grandes Arcades, Mo–Sa 7–19.45 Uhr. Schon seit 1889 versorgt das Café in direkter Nachbarschaft zum Place Kléber seine Gäste mit *Gugelhupf,* Kuchen und köstlichsten Broten. Den Espresso zum Mitnehmen gibt's für 1 € und das Mittagsmenü ab 4,50 € (ein Sandwich und ein Softdrink).

19 [E6] **Riss,** 35, rue de 22 Novembre, Mo 13.30–18.30, Di–Sa 8–18.45 Uhr. Im Erdgeschoss ist das Riss eine Patisserie und Chocolaterie, im Obergeschoss ein Café. Es duftet nach süßem Kuchen, die Schokoladen und Törtchen lachen einen hinter der Theke in unterschiedlichen Farben und Formen an – hier kann man bestens länger verweilen.

20 [F5] **Salon de Thé Jean-Philippe Goehry,** 3, rue des Récollets, Di–Sa 7.15–18.30 Uhr, So 8–12.30 Uhr. Kaffee- und Tee-Spezialitäten, Salate, Quiches und Sandwiches – für eine kleine Shopping-Pause ist dieses Café am Rand des Zentrums ideal.

EXTRATIPP

Frisch und regional

Das Café Pur besticht durch seine Philosophie der Nachhaltigkeit: Die Gerichte werden mit saisonalen Produkten aus der Region zubereitet. Snacks, Mittagessen und Abendessen bestellt man an der Theke, gegessen wird in gemütlich eingerichteten Räumlichkeiten inklusive origineller Weckglas-Lampen. WLAN.

24 [E6] **Café Pur etc.,** 122, grand rue, www.pur-etc.fr, Mo–Sa 11.30–20.45 Uhr, So. 11–20 Uhr

Bistros – gut und günstig

21 [F6] **Bistrot & Chocolat** €, 8, rue de la Râpe, www.bistrotetchocolat.net, Mo–Do 11–19 Uhr, Fr 11–21 Uhr, Sa 10–21 Uhr, So 10–19 Uhr. Dieses liebevoll eingerichtete Bistro mit Terrasse in direkter Nachbarschaft zum Münster lockt mit wechselnden Tagesgerichten, Wochenend-Brunchs und köstlichen Desserts. In allen nur denkbaren Variationen huldigt man hier außerdem der Schokolade.

22 [F7] **Café Bale** €€, 24, rue d'Austerlitz, tgl. 7.30–1.30 Uhr, www.cafebale.com. Vor allem beim jüngeren Publikum ist das große Bistro beliebt, in dem man an einer rund 20 Meter langen „Werkbank" sitzen kann. Hier gibt es neben sämtlichen Café-Klassikern auch Elsässer Spezialitäten wie den *Bibeleskäs* und Sauerkraut-Wurst-Variationen sowie Burger und Meeresfrüchte. Bei gutem Wetter sitzt man ideal draußen zum Leutegucken am weitläufigen Place d'Austerlitz. WLAN.

23 [F5] **La Nouvelle Poste** €, 12, rue de Parchemin, Tel. 0388241910, Mo–So 8–1.30 Uhr. Eine Brasserie für jede Gelegenheit. Die Terrasse lädt zur Rast beim Shoppingbummel durch die nahe gelegene Innenstadt. Die breite Speisekarte lockt mit den Elsässer Klassikern wie Flammkuchen, aber auch internationalen Gerichten und absolut realistischen Preisen. Auch wer nur eine Kleinigkeit essen möchte, kommt auf seine Kosten und kann zwischen Omelette, Quiche, *Croque Monsieur,* Spaghetti, Pizza oder verschiedenen Salaten wählen. Für rund 10 € erhält man ein Menü mit Vorspeise und Dessert.

Restaurantkategorien

Preise für ein Hauptgericht:

€	bis 15 €
€€	15–30 €
€€€	ab 30 €

25 [E6] **La Petite Pause** €, 47 b, rue du Fossé des Tanneurs, Mo–Fr 9–15 Uhr. Wenn es schnell gehen muss und trotzdem schmecken soll: In der „kleinen Pause" sind nur die Preise (Sandwiches ab 4,60 €) und der Innenraum klein, die Sandwiches aber sind grandios. Alle angebotenen Baguettes tragen den Namen einer französischen Region: Jura, Bretagne oder Normandie. Wir empfehlen natürlich das Sandwich „Elsass" mit Salami, Gruyère-Käse, Tomaten, Zwiebeln, grünem Salat, Mayonnaise und diversen Gewürzen.

26 [E6] **Mezzo di Pasta** €, 111, Grand rue, Mo–Sa 11–21 Uhr, Do–Sa 11–21.45 Uhr. Kleine Pasta-Portionen gibt es bereits ab 4,15 €, ein Menü mit Getränk ab 7,20 €. Bei zehn verschiedenen Pastasoßen von Lachs *(saumon)* über Indy bis hin zu Carbonara ist für jeden Geschmack das Passende dabei.

27 [E6] **Sécrets de Table** €, 39, rue du 22 Novembre, Mo–Sa 8.30–18 Uhr. Das Schnellrestaurant ist funktional, aber durchaus stylish eingerichtet. Das Angebot reicht von Sandwiches über Salate und Suppen bis hin zu frischen Fruchtsäften und ist von bester Qualität

28 [G7] **Stein** €, 1, place Dauphine, Mo–Sa 8–19 Uhr. In unmittelbarer Nachbarschaft zum Kaufhaus „Rivetoile" (s. S. 73) gibt es Suppe oder Salat schon ab 7,50 €. Nettes, kleines Bistro-Café in modernem Ambiente.

International

29 [J4] **Buerehiesel** €€€, 4, parc de l'Orangerie, www.buerehiesel.fr, Tel. 0388455665, Di–Sa 12–13.30 Uhr, Abendessen 19.30–21.30 Uhr. In einem einmalig schönen elsässischen Bauernhaus aus dem Jahr 1607 befindet sich dieses berühmte Restaurant, das durch seine Lage mitten im herrlichen Parc de l'Orangerie einer Oase in der Stadt gleicht. Der Chef Eric Westermann kredenzt eine exzellente Küche, die ihren Preis (zu Recht) hat.

30 [E6] **Caupona Taverne** €, 107, grand rue, Mo–Fr, So 7–1.30, Sa 9–1.30 Uhr. Eine der jüngsten gastronomischen Neu-Eröffnungen auf der Grand Rue erfreut sich größter Beliebtheit. Nicht selten warten die Gäste inmitten des originellen Holz-Backstein-Interieurs darauf, dass irgendwo ein Plätzchen frei wird. Auf der Speisekarte finden sich allerlei Flammkuchen, Burger, Quiches und Tartes, aus dem Zapfhahn fließen zehn Biere, die es in den Happy Hours von 17 bis 20 Uhr erfreulicherweise zum halben Preis gibt. WLAN.

31 [E6] **L'Epicerie** €€, 6, rue du Vieux-Seigle, www.lepicerie-strasbourg.com, Tel. 0388325241, tgl. 11.30–1.30 Uhr. In diesem zauberhaften Ambiente wird sich jeder wohl fühlen: grauer Rauputz, wunderschöne Bodenkacheln, alte dunkle Holztische und Sitzbänke. Im L'Epicerie hat man das Gefühl, die Zeit wäre stehen geblieben. Bei Akkor-

EXTRAINFO

Infos zum Essengehen

- Richtig essen geht man mittags ab 12 Uhr und abends ab 19 Uhr.
- Montag ist zumeist Ruhetag.
- Die Speisen auf der Karte sind in vielen Restaurants mehrsprachig aufgeführt.
- Ein Trinkgeld von 5–10 % ist in Restaurants angemessen, im Café ist auch weniger ausreichend.

deonmusik schmecken die Suppen, die Hausdesserts und heißen Schokoladen doppelt gut.

32 [F6] **La Cloche à Fromage** €€€, 27, rue des Tonneliers, Tel. 0388520403, www.cheese-gourmet.com, Mo 10–12.15, 14.30–19, Di–Fr 9–19 Uhr, Sa 8–18.30 Uhr. Im La Cloche à Fromage dreht sich alles rund um den Käse: Unter der angeblich größten Käseglocke der Welt (die immerhin im Guinnessbuch der Rekorde von 1989 erwähnt wird), bietet René Tourrette eine mannigfaltige Auswahl von Käsegerichten. Zwischen ca. 200 verschiedenen Sorten von Rohmilchkäse können die Gäste je nach Saison wählen. Die Käseplatten, Raclettes und Käsefondues sind eine wahre Gaumenfreude für Käseliebhaber.

33 [D6] **Lacocina** €, 2, Grand Rue, www.lacocina.fr, Mo–Fr 11.45–15 Uhr, 18–22 Uhr, Sa 11.45–22 Uhr. Im ersten mexikanischen Fast-Food-Restaurant Straßburgs gibt es preiswerte Tacos, Burritos, Quesadillas und andere Snacks, auch zum Mitnehmen.

34 [F6] **La Crêpe Gourmandes** €, 11, rue des Tonneliers, Tel. 0388221282, Di–Sa 12–14 Uhr u. 18.30–23.30 Uhr. Aufgrund ihrer Nähe zum Münster ist die Crêperie bestimmt nicht die preisgünstigste, aber die Auswahl an unterschiedlichsten salzigen *(galettes)* und süßen *(sucrés)* Crêpes ist einfach unschlagbar.

35 [F6] **La Piazza** €, 3–5, place de Tripiers, www.pizzeria-la-piazza.fr, Tel. 0388222220, Mo–So 11.30–23.30 Uhr. Wer mitten in Straßburg Lust auf italienische Küche hat, ist hier zu vernünftigen Preisen gut versorgt. Die großen Pizzen gibt es auch zwischen den klassischen Mahlzeiten durchgehend.

36 [F6] **Le Penjab** €€, 12, rue des Tonneliers, Tel. 0388323637, www.lepenjab.fr, Mo–Sa 11.45–14 und 18.45–23 Uhr. In dem indischen Restaurant, das mit rotem Teppich ausgelegt und mit indischen Skulpturen, Holzschnitzereien und Wandteppichen dekoriert ist, kommen die scharfen Klassiker der indischen Küche in bester Qualität auf den Tisch.

37 [D6] **Planet Sushi** €€, 2, place St. Pierre le Vieux, Tel. 0388224444, www.planetsushi.fr, tgl. 11–14.30 und 18–22.30 Uhr. In spacigem Design fühlt man sich auf den pinkfarbenen Hockern nach Tokio versetzt. Neben Klassikern gibt es auch außergewöhnliche Sushi-Kreationen wie „Dragon", „Tiger" und den „Dancing Eel", bei denen das Auge mitisst. Vorsicht: surreale Getränkepreise.

38 [F6] **Pop&Lino** €, 8, rue du Faisan, www.popetlino.fr, tgl. 17–1 Uhr. Etwas versteckt gelegen, aber jeden Euro wert, ist die neue Pizzeria Pop&Lino. Schon ab 8 € kann man sich hier auf dicken Ledersesseln oder originellen Hochbänken ab 17 Uhr den Magen mit Pasta oder Risotto füllen. Sehr zu empfehlen: die Lachspizza mit Kapern und Basilikum.

39 [G5] **Ristorante Francesca** €, 14, avenue de Marseillaise, Mo–Sa 11–21 Uhr. Inmitten moderner, cooler Innenausstattung gibt es originelle Pastagerichte ab 4,90 €: 10 verschiedene Soßen vom Klassiker Bolognese bis zur Wodkasoße. WLAN.

40 [F6] **Sushido** €, 10, quai des Bateliers, Tel. 0388383888, tgl. 12–14.30 Uhr, 19–22.30 Uhr, www.sushido.fr. Köstliche Sushi-Kreationen in spartanisch eingerichtetem Ambiente.

Restaurants mit Blick auf die Ill

41 [F6] **Ancienne Douane** €€, 6, rue de la Douane, www.anciennedouane.fr, Tel. 0388157878, tgl. 12–14 , 19–22 Uhr. Das Restaurant „Ancienne Douane" (übersetzt: das ehemalige Zollhaus) befindet sich, wie der Name schon sagt, in einem früheren Zollhaus und bietet traditionelle elsässische Spezialitäten wie Flammkuchen und Sauerkrautgerichte. Ein besonders schöner Ort, um

EXTRATIPP

Lecker vegetarisch

Wer Restaurants mit vegetarischen Speisen sucht, sollte die Winstubs meiden. Eine gute Auswahl vegetarischer Gerichte bieten folgende Gasthäuser:

- **La Corde à Linge** bietet auch köstliche fleischlose Speisen (s. u.).
- **Mezzo di Pasta** kreiert für Nudelfans auch allerlei vegetarische Soßen (s. S. 57).
- **Bloom:** Wer fleischlos auf seine Kosten kommen will, bekommt hier z. B. Salate, Suppen und Quinoa serviert (s. S. 55).

auch die Aussicht zu genießen, ist der einladende Balkon direkt über der Ill. Wer hier sitzt, bestellt garantiert noch ein weiteres Bier.

42 [E6] **Au Pont Saint Martin** €€, 15, rue des Moulins, Tel. 0388324513, www.pont-saint-martin.com, täglich mittags und abends geöffnet. Besser kann man in Straßburg nicht sitzen und essen: Die traditionelle *Winstub* verfügt über einen mit Blumen geschmückten Balkon, der in die Ill hineinragt und einen fantastischen Blick auf die prächtigen Fachwerkhäuser von La Petite France bietet. Große Auswahl an elsässischen Spezialitäten.

43 [E6] **La Corde à Linge** €€, 2, place Benjamin Zix, Tel. 0388221517, www.lacordealinge.com, Mo–Do, So 10.30–24 Uhr, Fr/Sa 10.30–1 Uhr, warme Küche durchgehend von 11.45–23 Uhr. Als Spezialität gelten hier im Restaurant „Zur Wäscheleine" die Spätzle. Den Namen erhielt das Lokal durch seine Nähe zu den Ufern der Ill. Dort scheuerten früher die Wäscherinnen ihre Wäsche. Der Innenraum ist zwar zauberhaft kreativ gestaltet, trotzdem drängen sich die Gäste im Sommer auf der großen Außenterrasse, die einen wunderbaren Blick auf La Petite France und die Ill bietet. Zum Nachtisch sollte man unbedingt Basilikum-Panacotta mit Erdbeersauce probieren. WLAN.

44 [G6] **Le Rafiot** €, quai des Pêcheurs, www.rafiot.net, Tel. 038 8363616, Mo–So 10–1 Uhr. Holzliegestühle, kleine Bistrotische und ein Kaltgetränk in der Hand – so lässt es sich aushalten direkt am Ufer der Ill. Zur Diskothek wird das Hausboot Mi–Sa ab 22 Uhr. WLAN.

45 [F7] **Le Restaurant Gavroche** €€€, 4, rue Klein, Tel. 0388368289, www.restaurant-gavroche.com, Mo–Fr mittags 12–13.30 Uhr, 19.30–21.30 Uhr. Milchglasscheiben verhindern die Sicht ins Innere, wo die Gäste in modernem, dunklen Interieur in Ruhe speisen sollen. Auf der Karte werden u. a. italienische Gerichte, verschiedene Fischvariationen, gegrillte Gambas und grüner Spargel angepriesen.

Winstubs und Bierstubs

46 [F6] **Académie de la bière Cathédrale** €, 29, rue des Juifs, Mo–Mi, So 11–1.30, Do-Sa 11–4 Uhr. Für Bier- und Burger-Liebhaber ist hier einer der schönsten Orte der Stadt. Neben seiner großen Auswahl an Fass- und Flaschenbieren überzeugt dieser Laden außerdem mit seinen gelungenen Hamburger-Variationen sowie mit Sport-TV-Übertragungen und kostenlosem WLAN.

47 [D6] **Au Petit Bois Vert** €, 2, Quai de la Bruche, Tel. 0388326632, tgl. 12–22.30 Uhr. An einem der schönsten Plätze der Stadt gelegen findet man hier neben einem idyllischen Ausblick die ganze Palette elsässischer Traditionsküche. Besonders zu empfehlen sind die Sauerkrautvariationen und der Wildteller.

48 [F6] **Chez Yvonne – S'Burjerstuewel** €€, 10, rue du Sanglier, Tel. 0388328415, www.restaurant-chez-yvonne.net/de/winstub, tgl. 11.45–

Eine Straßburger Legende: das Restaurant Maison Kammerzell

14.15 Uhr und 18–23.30 Uhr. Bereits seit 1873 existiert die *Winstub* in der Fußgängerzone nahe der Kathedrale – und seither scheint sich hier nichts verändert zu haben. Auf zwei Stockwerken erstreckt sich das Lokal: Im Erdgeschoss findet sich die in dunkles Holz getauchte Bar, während im Nachbarraum „Sanglier" Renaissanceteppiche die Wände dekorieren. In der oberen Etage stehen mit dem „Bureau", dem „Salon Mélanie" zwei Räume für kleinere Runden zur Verfügung. Selbst eine kleine Bibliothek beherbergt die *Winstub,* in der neben schwerer Lektüre ebenfalls getafelt wird. Serviert werden typische Elsässer Spezialitäten: Eisbein, Gänseleber, Schnecken nach elsässicher Art, Münsterkäs, elsässische Schlachterplatte – Freunde von deftiger Kost werden hier garantiert fündig.

› **Choucrouterie** €. In der Choucrouterie wird nicht nur Theater gespielt (siehe dazu auch den Exkurs „Théâtre de la Choucrouterie – Kabarett aus der Krautfabrik", S. 26), sondern auch gut und gemütlich gegessen. *Choucroute* heißt auf Deutsch „Sauerkraut" und entsprechend vielseitig ist die Auswahl an Sauerkrautgerichten (s. S. 66).

49 [F7] **La Bourse** €€, 1, place de Lattre de Tassigny, Fr/Sa 11.30–14.30 und 18–23.30, So–Do 11.30–14.30 und 18.30–23 Uhr. Im La Bourse wird die regionale Küche durch Elsässer Spezialitäten wie Flammkuchen (den es schon ab 8,50 € gibt), *Choucroute Royale* und *Bibeleskäs* sowie Elsässer Weine hervorgehoben. Eine perfekt sättigende Kleinmahlzeit ist die überbackene Zwiebelsuppe. Serviert werden die Mahlzeiten in einer großen Halle in stilvoller Belle-Époque-Einrichtung, zuvorkommender Service.

50 [F6] **La Cocinelle** €, 22, rue Sainte Madeleine, Tel. 0388361927, Di–Sa 12–14 Uhr, 19–21.30 Uhr. Der Inbegriff einer Straßburger *Winstub.* Ein freundliches Wirtspaar, eine gemütliche verwinkelte Gaststube mit Fachwerkbalken und eine prall gefüllte, fleischlastige Speisekarte (auch auf deutsch) mit Elsässer Spezialitäten. Für Hauptspeisen wie die Sauerkrautgarnitur, Leberknödel, Schweineschulter oder saure Nieren zahlt man zwischen 12 und 16 Euro. Pinot noir und Silvaner werden aus kleinen grauen Karaffen in derbe Römergläser ausgeschenkt.

51 [D6] **La Taverne du Quai** €€, 5, Quai de la Bruche, Tel. 0388361307, tgl. durchgehend geöffnet. Dieses Ufer-Restaurant sollte, vor allem im Sommer, knapp nach oder kurz vor den Stoßzeiten angesteuert werden; andernfalls empfiehlt sich eine Reservierung. Für rund 30 € kann man sich ein dreigängiges regionales Menü zusammenstellen. Eine schmackhafte Variante des Klassikers ist der Münsterflammkuchen.

52 [F6] **Le Gruber** €€, 11, rue du Maroquin, Tel. 0388322311, Mo–Sa 11.30–22.30 Uhr, www.legruber.com. Im Gruber gibt es alles, was die elsässische Küche zu bieten hat, zu vernünftigen Preisen. Das Haus aus dem Jahre 1651 ist u. a. durch die Nähe zur Kathedrale meist gut besucht. Zugleich aber überzeugt die Küchenqualität und auch an Gemütlichkeit lässt die *Winstub*, die nahtlos in ein italienisches Restaurant namens „Il journale" übergeht, nichts zu wünschen übrig. Einer der Orte der Stadt, wo man einen direkten Vergleich zwischen Flammkuchen und Pizza anstellen kann.

53 [F6] **Maison Kammerzell** €€, 16, place de la Cathédrale, www.maison-kammerzell.com, Tel. 0388324214. Das Feinschmeckerrestaurant befindet sich im prächtigsten Fachwerkgebäude Straßburgs und bietet den wohl besten Blick auf das Münster. Herrliche Säle mit Wandmalereien von Léo Schnug aus den Jahren 1904/1905, weitläufige und gemütliche Salons, spätgotische Gewölbe, prächtiger Renaissanceschmuck und die typischen Butzenscheiben machen den Besuch dieser *Winstub* zu einem Erlebnis für alle Sinne. Der Chefkoch des Maison Kammerzell Guy-Pierre Baumann ist mit seinen Sauerkraut-Fisch-Kombinationen berühmt geworden.

EXTRATIPPS

Dinner for one

Wer allein unterwegs ist und dabei nicht ausschließlich zwischen Paaren und geselligen Runden sitzen möchte, dem seien folgende Lokale empfohlen, in denen man auch als Alleinreisender angenehm essen kann:

- **Café Pur etc.** Hier sitzt es sich auch allein sehr gemütlich, z. B. an einem der Fensterplätze, wo sich das Treiben auf der Straße bei einer heißen Bio-Schokolade verfolgen lässt (s. S. 56).
- **Ristorante Francesca.** Ungezwungen und angenehm: wer allein unterwegs ist, fällt hier nicht auf (s. S. 58).

Für den späten Hunger

Wo es spätabends noch was gibt (beispielsweise Imbissstände an bestimmten Plätzen, Restaurants mit extralanger Öffnungszeit usw.):

- **La Nouvelle Poste.** Bis 1.30 Uhr werden in dieser Brasserie sieben Tage die Woche elsässische Spezialitäten, aber auch internationale Gerichte serviert (s. S. 56).
- **La Piazza.** Italienische Küche gibt es täglich bis 23.30 Uhr (s. S. 58).

Lokale mit guter Aussicht

- **Ancienne Douane.** Schöner Blick auf die Ill vom blumengeschmückten Balkon aus (s. S. 58).
- **Au Pont Saint Martin.** Tolle Aussicht auf das zauberhafte Fachwerkensemble von La Petite France (s. S. 59).
- **Ami Schutz.** Die Terrasse der *Bierstub* bietet einen zauberhaften Blick auf das historische Straßburg (s. S. 31).

54 [E6] **S'Thomas Stüble** €€, 5, rue de Bouclier, Tel. 0388223482, www.sthomasstuebel.fr, So. und Mo. geschl. In der *Winstub* isst man wie in vergangenen Zeiten. Auf den Holztischen liegen Tischtücher, die mit elsässischen Trachtenmotiven bestickt sind. An den Wänden hängen historische Bilder. Mit seiner weißen Schürze kommt der Koch Girr Mark regelmäßig zu den Gästen und fragt fröhlich, ob es schmeckt und alles wunschgemäß ist. Seine Spezialität: Sauerkraut.

Straßburg am Abend

Auf den ersten Blick wirkt Straßburg mit seinen putzigen Fachwerkhäusern und den engen Gassen wie ein beschaulicher, ruhiger Ort, an dem die Bürgersteige nachts hochgeklappt werden. Doch der erste Blick trübt, denn Straßburg ist eine Stadt, in der man auch in den Nachtstunden einiges erleben kann – vorausgesetzt man weiß, wo man suchen muss.

Gefeiert wird in Straßburg allerdings recht spät, da man die Zeit davor zunächst mit Musikveranstaltungen, Restaurant- oder Kinobesuchen verbringt, bevor man sich seinen Wein oder sein Bier in der Bar schmecken lässt. Vor zehn oder elf Uhr abends sind die Kneipen, Bars und Klubs daher dünn besiedelt, danach wird es, vor allem am Wochenende, umso voller.

Smoker's Guide

Seit 1992 ist es in Frankreich verboten, in öffentlichen Räumen zu rauchen. Wer sich nicht daran hält, riskiert eine hohe Geldstrafe. Die meisten Restaurants verfügen deshalb über **Raucher- und Nichtraucherbereiche.** Beim Besuch oder bei der Reservierung gibt man daher an, ob man *fumeur* oder *non-fumeur* sitzen will. Auf den vielen Terrassen ist das Rauchen gestattet.

› **La Lanterne.** Die Mikrobrauerei bietet einen Raucherbereich (s. S. 65).

› **Le Rafiot.** Im Außenbereich stehen auf den kleinen Bistrotischen auch Aschenbecher (s. S. 59).

Ausgehviertel

Die Gegend um den **Place du Marché Gayot** 5, die von Einheimischen auch „La PDMG" genannt wird, ist schon tagsüber ein recht stimmungsvoller und bei den Besuchern der Stadt äußerst beliebter Ort. In den Abend- und Nachtstunden verwandelt sich „La PDMG" dann in eine beliebte Partyzone, in der sich dicht an dicht Bars, Klubs, Restaurants und Terrassencafés finden. In fast jedem der bunten Fachwerkhäuser gibt es eine Anlaufstelle für Nachteulen und laufmüde Citybummler.

Hauptachsen des geschäftigen Viertels sind die Rue des Frères, die Rue des Ecrivains und die Rue des Sœurs (alle [F6]). Das Publikum ist zwar durchaus gemischt, die Tendenz geht aber leicht in Richtung Yuppies und Studenten.

Südlich der Ill in **Krutenau** 14 **und Finkwiller** finden sich ebenfalls zahlreiche Jazzkneipen, Bars, Lokale und Klubs.

Diese Viertel sind keine adretten Schmuckkästchen wie das um den Place du Marché Gayot, dafür begegnet man hier meist Einheimischen oder Besuchern, die sich in Straßburg gut auskennen. Und gefeiert wird in Krutenau und Finkwiller nicht weniger ausgelassen als in „La PDMG".

Bars

55 [D6] **Académie de la Bière,** 17, rue Adolph Seyboth, Tel. 0388223888, Mo–So 11–4 Uhr. Ein kleiner Tempel für Bierfetischisten, der sich prima für einen Stopp eignet, wenn man z. B. vom historischen Zentrum zum Museum für moderne und zeitgenössische Kunst schlendert. Neben der grandiosen Bierauswahl und -qualität schwören Stammgäste auf die ausgezeichneten Flammkuchen. Innen herrscht eine urige Pubstimmung und im Sommer stehen auch ein paar Tische draußen.

56 [D7] **Coco Lobo,** 2, rue des Glacières, Tel. 0388361293, www.cocolobo.fr, Di–Do 19–1.30, Fr/Sa 19–3.30 Uhr. Das Coco Lobo ist Tapas- und Latinobar in einem. Die zwei Etagen sind ganz in spanisches Ambiente getaucht. Je später der Abend, desto feucht-fröhlicher die Stimmung.

57 [E5] **Le Bartholdi,** 31, rue du Vieux-Marché-aux-Vins, Tel. 0388321569, tgl. 8–1 Uhr. Mit 17 Fassbieren und 50 Flaschenbieren ist Le Bartholdi einer der größten Biertempel im ganzen Elsass. Zu den Hopfengetränken schmecken Klassiker wie Pizza, Flammkuchen oder Sauerkrautgerichte. WLAN.

› **Le Rafiot** (s. S. 59), quai des Pêcheurs, www.rafiot.net, Tel. 0388 363616, Mo/Di 14–24 Uhr, Mi/Do 14–4 Uhr, Fr/Sa 14–7 Uhr, So 14–24 Uhr. Am Straßburger „Strand", wie sich das Areal vollmundig nennt, liegt die Rafiot vor Anker, ein Restaurant- und Partyschiff. Ob an Bord oder am Ufer: Der Blick auf die Ill und das gesamte maritime Ambiente genießen, während man mit Cappuccino oder Riesling auf einem der Holzliegestühle chillt – es gibt üblere Orte in Straßburg. Mittwochs kann man sich beim Salsaabend vergnügen und am Wochenende ist auf dem Barschiff Elektromusik angesagt.

018sb Abb.: tk

Wirkt tagsüber und abends anziehend: Le Gruber (s. S. 61)

58 [F6] **Les Frères Berthom,** 18, rue des Tonneliers, www.lesberthom.fr, Tel. 0388328118, Mo, So 17–1, Di–Do 17–1.30, Fr 17–2.30, Sa 15–2.30 Uhr. Eine der originellsten Kneipen, um sich mit der Bierkultur des belgischen Nachbarn vertraut zu machen. Ein echtes

KURZ & KNAPP

Hier gibts auch Bier

Für Frankreich ungewöhnlich: Das Elsass ist eine Region, in der sowohl Wein als auch Bier produziert wird. Die Hälfte des französischen Bieres wird im Elsass hergestellt.

070sb Abb.: tk

Hopfen-Abenteuer mit überraschenden Geschmackserlebnissen im Dutzend. Manchem deutschen Bierpuristen dürfte die heimische Braukunst lieber sein, aber ein Spaß für Neugierige sind die belgischen Kreationen allemal. Außerdem hat das von den Freunden Herbert und Thomas 1994 gegründete Lokal durch Licht, Musik, Dekoration und das Publikum eine besonders angenehme Atmosphäre. Kein Wunder, dass sich das Konzept auch in einigen weiteren französischen Städten durchgesetzt hat – auch in Lyon, Grenoble, Metz und anderswo geht man zu Berthom.

59 [F7] **Molly Malone's,** place d'Austerlitz, Mo–Sa 11–1.30 Uhr. Ein typischer Irish Pub: innen eine dunkle, bierselige Spelunke, außen eine nette Terrasse.

60 [F6] **QG,** 12, rue des Frères, Tel. 0388241945, Mo–So 9–1.30 Uhr. Fast in jedem Gebäude am legendären Place du Marché Gayot befindet sich eine gastronomische Lokalität. Das ist von Vorteil, wenn in dieser netten Bar samt hübscher Terrasse mal kein Platz frei sein sollte. Angeboten werden die üblichen verdächtigen Weine, Biere und Softdrinks.

61 [F6] **The Dubliners,** 7, rue du Vieux Marché aux Poissons, Tel. 0388755527, Mo–Mi 11–1.30, Do 11–2, Fr/Sa 11–3, So 11–1.30 Uhr. Irland ist in diesem Pub Programm: Das Dubliners ist der einzige Irish Pub in Straßburg, der von Iren geführt wird. Selbstverständlich wird Guinness, Kilkenny und Magners Irish Cider (im Pint) serviert, es gibt Irish Coffee und samstags ab 21.30 Uhr irische Livemusik. Im angrenzenden Restaurant kann man sich mit Dubliner-Burgern, Fish and Chips oder Irish Stew stärken und für alle Frühaufsteher gibts sonntags ein irisches Frühstück mit irischem Speck und Würsten.

Cocktailbars

62 [G6] **Abstract,** 4, quai des Pêcheurs, Mo–Sa 18–4 Uhr. Die grauen Wände und goldenen Barhocker sind zwar Geschmackssache. Der Clou ist aber: Wer hier seinen Cocktail schlürft, kann den Blick auf die Ill werfen, die direkt vor der Bar entlang fließt. WLAN.

63 [H6] **Nuovo Caffé Milano,** 23, boulevard de la Victoire, Tel. 0388353136, Mo–Fr 8–23 Uhr. Das Milano ist ein Café im italienischen Stil, das vor allem wegen seines opulenten und reichhaltigen Frühstücksangebots beliebt ist. Aber dank solcher Kleinigkeiten wie Bruschetta, Tagesgerichten sowie Wein und Cocktails ist das geschmackvolle Loungecafé auch für spätere Tageszeiten eine gute Wahl.

Discos und Klubs

Ein Tipp für Nachteulen: Von Dienstag bis Mittwoch gewähren viele Klubs und Discos freien Eintritt.

64 [G6] **Le Living Room,** 11, rue des Balayeurs, Mi–Sa 22–4 Uhr. In einem der angesagtesten Klubs der Stadt wird vor allem Elektro- und Housemusik gespielt, und das, wie es sich gehört, bis in die Morgenstunden. Musik, Ambiente und Cocktails treffen hier nicht nur den Nerv von Studenten; nicht selten lassen sich hier auch französische Prominente sehen.

65 [E6] **Live Club,** 1, rue du Miroir, www.club-live.fr, Tel.0388385215, Mi–Sa 23–7 Uhr. Das surrealistische Design dieses zentral in der Altstadt gelegenen avantgardistischen Klubs lockt vor allem ein jüngeres Publikum an. DJs wie Kriss, Alex Nevil, DJ Cesar und Lettimore haben hier bereits aufgelegt. Mittwochs Studentenparty, donnertags läuft am „Urban-Thursday" vor allem Hip-Hop.

Musikbars

66 [D5] **Au Camionneur,** 14, rue Georges Wodli, Tel. 0388135170, www.au-camionneur.fr, Mo–Fr 12 bis 14.30, abends Di–Sa 19–1.30 Uhr. Mit allerlei Musikveranstaltungen wie Karaoke-Events sorgt diese Musikbar für spezielle gastrokulturelle Erlebnisse. Statt einer Speisekarte gibt es jeweils vier wechselnde Gerichte, wobei stets Fleisch-, Fisch-, Gemüse-, klassische und exotische Gerichte zu Preisen zwischen 9 und 15,50 € angeboten werden.

67 [F6] **Bunny's Bar,** 1, rue de l'Épine, Tel. 0388224144, Mo–So 21–4 Uhr. Ein Hotspot in Straßburg für Karaoke-Fans. Neben dem Trinken steht hier das exzessive Singen (oder was man dafür hält) im Mittelpunkt der Nacht.

68 [F6] **Exils,** 28, rue de l'Ail, www.bar exils.com, tgl. 12–4 Uhr. Diese beliebte Altstadt-Bar verwöhnt die Kundschaft mit einer eindrucksvollen Bierauswahl, die auch aus Maßkrug oder Pitcher genossen werden kann. Daneben gibt es Cocktails, Flipper, Billard, Musik und natürlich kostenloses WLAN.

69 [F6] **Les Aviateurs,** 12, rue des Sœurs, www.les-aviateurs.com, Tel. 0388365269, Mo–So 18–4 Uhr. Diese Location ist legendär und bereits ein halbes Jahrhundert alt. In der amerikanischen Bar lässt es sich prächtig durchstarten zu einer originellen Zeitreise ins Amerika der 1940er-Jahre. Besonders fröhlich können hier sogar Montage werden, dann veranstalten die „Flieger" ihre Cocktail-Soirées. WLAN.

KURZ & KNAPP

Obstschnäpse

Überall im Elsass werden Obstbranntweine – allerdings vorwiegend als Verdauungsschnaps – getrunken. Die Schnäpse werden aus Früchten und verschiedenen Beeren hergestellt. Bekannt für eine ausgezeichnete Schnapsproduktion sind beispielsweise das Villé-Tal und die Täler von Orbey und Laboutroie. Neben dem Kirschwasser, das man auch in vielen elsässischen Konditoreien verwendet, werden im ganzen Elsass Zwetschgen-, Mirabellen-, Himbeer- und Birnenschnaps sowie Marc de Gewurztraminer hergestellt und getrunken. Als Spezialität gelten Schnäpse aus Schlehe, Stechpalme, Holunder, Quitte und Enzian.

Mikrobrauereien

70 [G6] **Au Brasseur,** 22, rue des Veaux, Tel. 0388361213, www.aubrasseur.fr, Mo–Sa 11–1 Uhr, So 11–24 Uhr. Eine zünftige Hausbrauerei, die alles hat, was man so braucht – und das ist ja nicht viel: Frischgezapftes und einen knusprigen Flammkuchen.

71 [E6] **La Lanterne,** 5, rue de la Lanterne (rue Gutenberg), Tel. 0388321010, tgl. 16–1.30 Uhr. Ein famoser Grund, das winzig kleine Gässchen Rue de la Lanterne aufzusuchen, ist diese Mikrobrauerei mit ihren vier selbst gebrauten und einem Dutzend Flaschenbieren. Das Bier gibt es auch im Drei-Liter-Pitcher, außerdem ist eine große Bandbreite an Biercocktails im Angebot. Zu einem hellen Fender oder einem Stout sind sowohl die hauchdünnen Flammkuchen (ab 7 €) als auch die preiswerten Knackwürste mit Brot und Senf (4 €) sehr empfehlenswert.

Kino

K 72 [E6] **Au Star,** 27, rue du Jeu des Enfants, www.cinema-star.com, Tel. 0388324497. In den fünf Sälen werden vor allem Autorenfilme und aktuelle Dokumentationen in Originalversion mit französischen Untertiteln präsentiert.

K 73 [E6] **Au Star Saint-Exupéry,** 18, rue du 22 Novembre, Tel. 0388324497, www.cinema-star.com. Mitten in Straßburg bietet das Au Star Saint-Exupéry eine große Bandbreite französischer und internationaler Filme. Alle Werke werden in der Originalversion mit französischen Untertiteln gespielt.

K 74 [E6] **L'Odyssée,** 3, rue des Francs Bourgeois, Tel. 0388751047, www.cinemaodyssee.com. Das unter Denkmalschutz stehende Programmkino ist ein Ort für wahre Filmliebhaber und Kinogänger: In den dekorativen, renovierten Sälen aus dem Jahr 1913 werden Retrospektiven, Autorenfilme, alternative europäische und internationale Filme sowie Spielfilmklassiker gezeigt, außerdem gibt es regelmäßig Matineen und Lesungen.

K 75 [E6] **Pathé Vox,** 17, rue des Francs Bourgeois, Tel. 0388755021, www.cine-vox.com. Das moderne Multiplexkino, an dessen Außenfassade in riesigen Lettern „VOX" steht, spielt in seinen sechs Sälen vor allem die Blockbuster.

K 76 [H8] **UGC Ciné-Cité,** 25, route de Rhin, www.ugc.fr. Mit seinen 22 Sälen ist das Ciné-Cité das größte Kino der UGC-Kette in Europa. Auf dem Programm stehen sowohl die großen Blockbuster als auch Vorpremieren und seltener gespielte Streifen.

Theater und Konzerte

77 [F5] **Opéra National du Rhin,** 19, place de Broglie, Tel. 0368987593, www.opera-national-du-rhin.com. Die Opéra national du Rhin ist eine einzigartige Institution mit Vorbildcharakter: Die drei Städte – Straßburg, Mulhouse und Colmar – verwalten die Oper gemeinsam und in jeder von ihnen ist jeweils ein künstlerischer Bereich angesiedelt. Die Oper befindet sich in Straßburg, das Ballett in Mulhouse und die Ausbildungsstätte für junge Sänger hat ihren Sitz in Colmar. Mehr als 140 Vorstellungen finden in der Opéra national du Rhin jährlich statt: von Opern- und Ballettaufführungen über Liederabende und Konzerte bis hin zu Vorstellungen für junge Zuschauer.

78 [G4] **Orchestre Philharmonique de Strasbourg,** Palais de la Musique et des Congrès – place de Bordeaux, Tel. 0368986815, www.philharmonique-strasbourg.com. Das Orchestre Philharmonique wurde 1855 gegründet und ist damit das älteste Orchester Frankreichs. Als Spielstätte dient den Straßburger Philharmonikern primär das Palais de la Musique et des Congrès.

79 [E7] **Théâtre de la Choucrouterie,** 20, rue St. Louis, Tel. 0388360728, www.theatredelachouc.com. Wer tiefer eintauchen will in die französische und elsässische Kultur, der sollte den Abend in der Choucrouterie ausklingen lassen. In einer ehemaligen Sauerkrautfabrik am Rand der Altstadt führen die Schauspieler ein einmaliges regionales Kabarettprogramm auf und bieten von satirischer Kleinkunst über Chanson- und Liederabende bis hin zur Kabarettrevue ein bunt gemischtes Programm in Französisch, Elsässisch und auch in Deutsch.

80 [G6] **Théâtre du Jeune Public,** 7, rue des Balayeurs (Großer Saal) und 1, rue Pont St.-Martin (Kleiner Saal),

019sb Abb.: tk

Tel. 0388357010, www.tjp-strasbourg.com. Da sich die Stücke des Théâtre du Jeune Public an Kinder und Jugendliche richten, kann man die französischsprachigen Aufführungen auch ohne großen Vokabelschatz im Französischen verfolgen.

27 [G5] **Théâtre National de Strasbourg.** Dass sich das Theater in einer Grenzregion befindet, erkennt man bereits an der mehrsprachigen Website und am Programm: Pro Saison werden durchschnittlich 15 bis 20 Stücke aufgeführt – einige davon auch auf Deutsch. Die internationale Ausrichtung manifestiert sich auch an den Stücken: Es werden sowohl französische als auch internationale Klassiker auf die Bühne gebracht, doch der Schwerpunkt liegt auf zeitgenössischen Aufführungen. Das Théâtre de Strasbourg ist das einzige französische Theater mit Nationalstatus, das sich nicht in der Hauptstadt Paris, sondern in der Provinz befindet.

81 **Zenith de Strasbourg**, 1, allée du Zénith, www.zenith-strasbourg.fr, Tel. 0388105050. Mehr als 12.000 Zuschauer passen in die Megahalle, die mit großen Musikveranstaltungen und internationalen Künstlern auch Publikum aus den Nachbarländern in das riesige orangefarbene Zenith, das an der A 351 westlich des Stadtzentrums in den Himmel ragt.

Prachtbau aus Kaisers Zeiten: das Théâtre National de Strasbourg 27

Marcel Marceau

Eigentlich hieß er Marcel Mangel. Das Pseudonym Marceau, nach einem erfolgreichen General der Ära Napoleons, der die Armee am Rhein führte, geht auf seine Zeit im französischen Widerstand während des Zweiten Weltkriegs zurück. Unter diesem Namen marschierte der spätere Künstler mit den Alliierten in Deutschland ein, behielt nach dem Krieg den Namen bei und wurde als Marcel Marceau zum ***größten Pantomimen des vergangenen Jahrhunderts.***

In einer eitlen und schwatzhaften Welt schuf Marceau mit seiner ***„Kunst der Stille"*** *eine zwar leise, aber überaus eindringliche Opposition. „Meine Spezialität", so bekannte er einmal, „ist die Unsichtbarkeit. Und das liebt mein Publikum an mir. Dass ich das Unsichtbare sichtbar mache. Für jede Handbewegung, die ich etwa zum Anzünden einer Zigarette benötige, gibt es eine perfekte Geste. Auf diese Weise kann ich rauchen, so viel ich will.* ***Alles ist sichtbar. Und doch nur Luft.****"*

Marcel wurde 1923 als Sohn eines jüdischen Metzgers in Straßburg geboren. Schon als Jugendlicher begeisterte er sich für die großen Stummfilmstars wie Charlie Chaplin und Buster Keaton; vielleicht, weil er selbst ein eher stiller und zurückhaltender Typ war. Als ***jüdischer Widerstandskämpfer*** *mit gefälschten Papieren geriet er während des Kriegs immer wieder in höchste Gefahr und überlebte nicht zuletzt dank seiner stoischen Selbstbeherrschung, die er später als Pantomime perfektionierte. Bereits in der alliierten Armee begann er mit seiner mimischen und gestischen Kunst, da er keine Lust hatte, über den Krieg zu sprechen. Statt über all die unerfreulichen Themen zu reden, führte Marceau seinen Freunden Pantomimen vor und stieß so im Laufe der Zeit immer tiefer in die außergewöhnliche Kunstform vor.*

Nach dem Krieg begann Marceau 1946 seine Ausbildung zum Schauspieler. Schon ein Jahr später, er war 24 Jahre alt, trat er erstmals in der Gestalt des ***„Bip"*** *auf, eines* ***tragikomischen Clowns,*** *den er in den nächsten Jahrzehnten auf Bühnen der ganzen Welt berühmt machte. Besonders erfolgreich war Marceau in Deutschland. Obwohl seine Familie 1940 vor den deutschen Besatzern fliehen musste und sein Vater in Auschwitz ermordet wurde, trat Marceau schon 1951 im Land der einstigen Feinde auf. Kritikern entgegnete er: „Die Jugend hat mit diesem Krieg nichts zu tun gehabt. Sie sind nicht in der Gestapo gewesen.* ***Ich wollte das Gute zeigen im Menschen.*** *Deshalb ging ich nach Deutschland, wo ich von Bertolt Brecht begrüßt und umarmt wurde. Viele aufrechte deutsche Künstler kamen und nahmen es wahr, dass ich in ihrem Land auftrat."*

In seiner legendären „Compagnie de Mime Marcel Marceau" führte er berühmte Theaterstücke wie Gogols „Der Mantel" als ***Mimodramen*** *auf. Bis ins hohe Alter begeisterte Marceau sein Publikum weltweit. Mit seiner Kunst stellte er ohne Worte und doch so ausdrucksstark die Ohnmacht des modernen Menschen, seine Unzulänglichkeit und die Tücken des Lebens dar. Marcel Marceau starb 2007 in Paris. Seinen letzten Auftritt in Deutschland absolvierte er 2005.*

⊡ *Typisch Altstadt: Fachwerk und Einzelhandel*

Straßburg für Kauflustige

Straßburg ist eine ideale Stadt zum Shoppen. Kurze, verkehrsberuhigte Wege und eine bunte Vielfalt von kleinen Einzelhandelsgeschäften machen das Einkaufen auf der Altstadtinsel zum reinsten Vergnügen. Besonders begehrt sind kulinarische Spezialitäten, ausgefallene Mode und Kunsthandwerk in den Straßen rund ums Münster (Rue du Dôme, Rue des Hallebardes, Rue des Juifs). Beliebte autofreie Einkaufsstraßen sind auch die Rue des Grandes Arcades und die Grand Rue.

Die Einkaufsbedingungen in Straßburg ähneln sehr denen des deutschen Nachbarn. Wer kein Freund von Menschenmengen ist, sollte den Samstag meiden. Denn dann, so scheint es, rollt das komplette elsässische und badische Umland wie auf Kommando in die Münsterstadt und verstopft die historischen Gassen.

Angenehmer shoppt es sich an den Werktagen zwischen Dienstag und Freitag, wobei die **Geschäftszeiten** in der Regel von 9.30–12.30 Uhr und 14–19 Uhr liegen. Bei einer Ankunft um die Mittagszeit lohnt sich also ein kleiner Café- oder Restaurantstopp, da ohnehin viele, vor allem kleinere Geschäfte ihre Mittagspause machen. Viele Einzelhändler lassen ihren Laden am Montag geschlossen oder öffnen nur am Nachmittag für ein paar Stunden, sodass dieser Tag fürs Shopping eher ungünstig ist. Supermärkte und Einkaufszentren sind wie in Deutschland durchgehend geöffnet.

Shoppingareale

Die wichtigsten Shoppingbereiche der Stadt sind im Kartenmaterial mit einer rötlichen Fläche markiert.

Durch seinen Status als Europastadt steht Straßburg nicht gerade im Ruf, besonders billig zu sein. Nicht umsonst fährt so mancher Elsässer für seine Großeinkäufe lieber ins preiswertere Baden-Württemberg. Umgekehrt schätzen die deutschen Nachbarn die herausragende Qualität vieler, vor allem kulinarischer Produkte in Straßburg und zahlen dafür offenbar gern einige Euro mehr.

Grundsätzlich gibt es in Straßburg kaum Areale, in denen ausschließlich ein bestimmtes Produkt verkauft wird. Gerade die **Mischung von Feinkost neben Mode, Deko, Schmuck und Parfümerie** auf wenigen Metern machen den Reiz von Straßburgs Innenstadt aus. Gut zu erleben ist das z. B. auf der schönen Grand Rue ⓳ Richtung La Petite France und der schmalen Rue des Orfèvres [F6]. Hier finden sich sowohl exquisite Feinschmeckerläden mit erlesenem Käse-, Wurst- oder Confiserieangebot als auch die jüngsten Modetrends oder Boutiquen mit allerlei kleinen charmanten Unnötigkeiten. Eine Konzentration von Antiquitätengeschäften (Möbel, Porzellan, Lampen, Gemälde) findet man in La Petite France. Wenig überraschend, dass die größte Dichte von **Souvenirläden** ringsum die Kathedrale gelagert ist. Die beliebtesten Flaniersträßchen der Stadt sind die kurze Rue Mercière und die abfallende Rue du Maroquin, die beide den kompletten Kosmos von Elsass-Nippes anbieten, vom schwarz-weiß-roten Plüschstorch bis zum Minikathedralenmodell. Viele der Souvenirs liegen allerdings eindeutig jenseits der Kitschgrenze; da eignet sich eine Gugelhupf-Backform oder eine typische grau-blaue Weinkaraffe vielleicht eher als Mitbringsel oder Geschenk aus Straßburg. Stilvolle Haushaltswaren sowie alle anderen nur erdenklichen Produkte bieten die bestens sortierten **Kaufhäuser** Centre Commercial des Halles, Galeries Lafayette oder Printemps (s. S. 73). Mit einem *Crémant d'Alsace*, ein trockener regionaler Schaumwein und eine preisgünstige Alternative zum Champagner, oder einem erschwinglichen Pinot noir (vielleicht mit Baguette und Käsevariation) kann man übrigens zu Hause noch einmal bestens auf die Erlebnisse eines Straßburgbesuchs anstoßen.

Einkaufstipps

Bücher und Antiquariat

82 [F6] **La Bouquinette,** 28, rue des Juifs, Mo 14–19 Uhr, Di–Fr 10–12.30 Uhr, 13.30–19 Uhr, Sa 10–19 Uhr. Eine gut sortierte Kinderbuchhandlung, die auch deutsche Titel im Angebot hat. Zusätzlich gibt es Spiele, DVDs und Videos.

83 [F6] **Librairie de l'amateur,** 24 c, rue des Orfèvres, Tel. 0388321172, Mo 14–18 Uhr, Di–Fr 10–12 Uhr u. 14–18 Uhr, Sa 10–12 Uhr. Versteckt im hintersten Eck einer kleinen Seitenstraße findet sich dieses Kleinod. Das Antiquariat ist nur wohnzimmergroß, aber die Regale stecken randvoll mit alten Schmökern.

84 [E6] **Librairie Kléber,** 1, rue des Francs Bourgeois/place Kléber, Tel. 0388157888, Mo 10–19.30 Uhr, Di–Sa 9–19.30 Uhr, www.librairie-kleber.com. Eine sehr gut sortierte Großbuchhandlung, die auch deutschsprachige Literatur führt und eine ausgezeichnete Reisebuch- und Comicabteilung besitzt.

In der Librairie Kléber finden regelmäßig Autorenlesungen und Literaturveranstaltungen statt.

85 [F6] **Livres anciens,** 21, rue des Juifs, www.librairiejumentverte.com, Di–Fr 10–12.30, 14–18.30, Sa 10–12, 13.30–18 Uhr. Vor allem auf die Straßburger Stadtgeschichte und Elsässer Regionalia ist das Antiquariat von Martin Matrat spezialisiert.

Delikatessen

86 [E6] **Glups,** 71, Grand rue, Mo 13–19 Uhr, Di–Sa 10–19 Uhr, So 14–18 Uhr. Fans von Wein- und Fruchtgummis müssen diese Adresse aufsuchen.

87 [F6] **Jeff de Bruges,** 19, rue des Orfèvres, Mo 14–19, Di–Sa 10–19 Uhr, www.jeff-de-bruges.com. Hinter dem Kunstnamen verbirgt sich ein kleines Schokoladenimperium, das neben hochwertigsten Pralinen und Schokolade auch außergewöhnliche Kreationen wie Pralinenbrotaufstrich, heiße Schokolade am Stil oder personalisierte Schokoeier bietet.

88 [F6] **La Chocolaterie Weiss,** 7, rue des Orfèvres, Tel. 0388101192, Mo 10–19 Uhr, Di–Sa 9.30–19 Uhr, www.weiss.fr. Seit 1882 ist die Chocolaterie Weiss erfolgreich im Geschäft. Hier versteht man sein Handwerk und lockt mit köstlichsten Schokokreationen – Wiederkommen garantiert.

89 [F6] **La nouvelle douane,** 1a, rue du Vieux Marché aux Poissons, www.lanouvelledouane.com, Di–Fr 9.30–19.30, Sa 8–18.30 Uhr. In dem alten Zollgebäude an der Ille werden überwiegend Lebensmittel und Weine aus der Region verkauft. Kleine elsässische Höfe beliefern den kleinen, aber feinen Delikatessenladen direkt.

90 [E6] **Le Palais des Thés,** 124, Grand rue, Mo 14–19 Uhr, Di–Sa 10–19 Uhr. Über 150 Teesorten stehen in den schicken Holzregalen: vom *Assam Maijan* über den *Thé des Concubines* bis hin zum *Wu Long Fu Lian Bio.* In kleinen Behältern stehen ausgewählte Teesorten für einen Geruchstest bereit und an der Theke gibt es jeweils eine Probiersorte. Zum Tee gibt es auch das passende Teeservice.

91 [F6] **Maison Alsaciennes de Biscuiterie,** 16, rue du Dôme, Mo 10–19, Di–Sa 9–19, Sa 10–18 Uhr. Es ist fast unmöglich, nicht hinein zu gehen, so verführerisch duftet all das frische Gebäck bis hinaus auf die Straße. Vom traditionellen Gugelhupf bis zu einer breiten Vielfalt von Macaron-Sorten bleibt hier kaum ein süßer Wunsch offen. In Tütchen und Schächtelchen verpackt eignen sich die zuckrigen Delikatessen auch als Mitbringsel.

92 [D6] **Maison Lorho,** 3, rue des Orfèvres, www.maison-lorho.fr, Tel. 03 88327120, Mo 15–19 Uhr, Di–Do 9–19 Uhr, Fr 8.30–19 Uhr, Sa 8–19 Uhr. Eines der typischen Einzelhandels-Schmuckkästchen des historischen Zentrums. Käsekultur *à la francaise* mit über 100 ansprechend präsentierten Sorten. Wer Käse liebt, wird in diesem Laden niederknien: Auf engstem Raum findet man eine Auswahl, die keine Wünsche offen lässt.

93 [F6] **Mon Oncle Malker de Munster,** 4, place de la Grande Boucherie, Mo–So 10–19 Uhr. Elsässische Delikatessen aller Art gibt es in diesem neuen Geschäft unweit des Münsterplatzes. Zahlreiche Käse- und deftige Wurstsorten, Gänseleber, Senf und Marmelade, aber auch Elsässer Weine, Biere und Brände. Zusätzlich werden die typischen Gugelhupf-Backformen aus schöner Keramik, Butterdosen und Karaffen angeboten.

94 [F6] **Pâtissier Maison-Naegel,** 9, rue des Orfèvres, Tel. 0388328286, www.maison-naegel.com, Di–Do 8.30–18.30 Uhr, Fr/Sa 8–18.30 Uhr, Sa 8–18 Uhr. Hier isst vor allem das Auge mit: Neben

EXTRATIPP

Handarbeit besiegelt

Wer bei Souvenirs auf Handarbeit Wert legt, sollte auf das Gütesiegel „Souvenir de France Alsace Authentique" achten. Handgearbeitete Keramik und Kunsthandwerk sowie Weingläser und Trachtenpuppen aus dem Elsass werden mit diesem Siegel ausgestattet.

Schokolade und Patisserie besticht Maison-Naegel durch kunstvoll angerichtete kleine Kanapees und Kuchen.

Geschenke und Souvenirs

95 [F6] **Boutique sur trois niveaux,** place du Marché aux Cochons de Lait, Tel. 0388223665. Von Tischtüchern, Taschen und Schürzen über Postkarten, Tassen und Topflappen bis hin zu Hüten, Butterdosen und Eierbechern – die elsässischen Motive zieren hier alles.

96 [F6] **fouduroi,** 4, rue du Faisan, Mo–Fr 13–19, Sa 10–19 Uhr, www.fouduroi.eu. Ob Textilien, Skulpturen, Sessel, Kerzen oder sonstige stilvolle Objekte aller Art: Im Showroom der Atelier-Galerie fouduroi findet man fast alles, was das Herz von Innenarchitekturfans höher schlagen lässt. Etwas versteckt in der Rue du Faisan gelegen, feierte das Design-Team 2017 bereits sein 20-jähriges Bestehen.

97 [E6] **L'in o sens,** 2, rue des Serruriers, www.linosens.fr, Mo 14–19 Uhr, Di–Sa 10–19 Uhr, So 14–18 Uhr. In dem kleinen Shop finden sich ausgefallene Uhren, Taschen und Schmuck. Selbst Seife liegt in den Regalen.

98 [F7] **Meme en autriche,** 7 & 11, rue des Bouchers, www.memeenautriche.com, Mo 14–19, Di–Do 10–12.15 und 14–19, Fr, Sa 10–19 Uhr. Außergewöhnliche Schreibwaren und Objekte – auch im Retrostil – gibt es in diesem kleinen, liebevoll eingerichteten Laden. Die dazu passenden Möbel, Stoffe und Haushaltswaren gibt es im gleichnamigen Lädchen direkt nebenan.

99 [F6] **Monogram,** 6A, rue des Juifs, www.stylo-monogram.fr, Mo 14–19 Uhr, Di– Sa 10–19 Uhr. Hier findet man sie noch: hochwertige Schreibwaren und Schreibgeräte aus dem vergehenden analogen Zeitalter. Außerdem allerlei Büroaccessoires, papierne Kleinigkeiten, Postkarten und vieles andere.

100 [F6] **Reflects d'Alsace,** 4, rue Mercière. Stoffe, Karten, Teller, Tassen,

013sb Abb.: tk

Bilder, Puppen und Stofftiere – wer ein Souvenir mit elsässischen Motiven sucht, findet hier für jeden Geschmack das passende Stück.

101 [F6] **Tadzio,** 13, rue des Juifs, www.tadzio.fr, Mo 14–19, Di–Sa 10–19 Uhr. Ausgefallenes und Schräges von Toasts über Taschen bis hin zu Kleidern und Stühlen. Selbst Fingerpuppen von Künstlern und Wissenschaftlern stehen im Angebot – eine wahre Fundgrube.

Kaufhäuser

102 [E5] **Centre Commercial des Halles,** place des Halles, Mo–Sa 9–20 Uhr, Sa 9–19 Uhr. In diesem Kaufhaus, das sich auf mehr als 36.000 qm erstreckt, gibt es nichts, was es nicht gibt. Feinkost und Delikatessen findet man zusätzlich in den Galeries Gourmandes.

103 [E6] **Les Galeries Lafayette,** 34, rue du 22 Novembre, Tel. 0388152300, www.galerieslafayette.com, Mo–Sa 9.30–20 Uhr. Das imposante Kaufhaus ist vom Place Kléber aus kaum zu übersehen. Die Produktpalette ist riesig und bietet von Kleidung über Parfümerie bis hin zu Delikatessen eine große Auswahl.

104 [E5] **Printemps,** 1 rue de la Haute Montée, Tel. 0369714075, Mo–Sa 9–20 Uhr, www.printemps.com. Das traditionsreiche Haus wurde bereits 1865 gegründet. Die Auswahl ist riesig und bietet auch viele französische Produkte.

105 [G7] **Rivetoile,** 3, place Dauphine, Tel. 0388552929, www.rivetoile.com, Mo–Fr 10–20 Uhr, Sa 9–20 Uhr. Das Kaufhaus erstreckt sich über 30.000 qm und bietet auf zwei Etagen Bekleidung, Parfüm, Kosmetika und Lebensmittel. Von Gap, H&M, Zara bis hin zu Puma und Kookai sind viele große Modemarken vertreten.

Shoppingkultur in Straßburg: das Kaufhaus Rivetoile

Kinder

106 [E6] **King Jouet,** 16, rue du Vieux Marché aux Grains, Tel. 0388230455, www.king-jouet.com. In diesem Megastore für Spielwaren bleibt kein Kinderwunsch unerfüllt – Eltern sollten sich auf einen langen Aufenthalt einrichten.

107 [E6] **Le Bilboquet,** 1, rue de la Lanterne, Tel. 0388231740, www.lebilboquet.fr, Mo–Do 10–12.45, 14–18.30, Fr, Sa 10–18.30 Uhr. Dieser bezaubernde kleine Laden bietet pädagogisch wert- und geschmackvolles Spielzeug, das man in vielen anderen Geschäften leider vergeblich sucht. Süße Stofftiere, Drachen, Oldtimer-Tretautos, bunte Mobiles und vieles, vieles mehr wird Kinderherzen garantiert höherschlagen lassen.

Märkte

108 [F6] **Büchermarkt,** rue und place Gutenberg, rue des Hallebardes, Di, Mi u. Sa 9–18 Uhr. Literatur unter freiem Himmel: Dreimal die Woche bevölkern Buchverkäufer mit ihren kleinen überdachten Ständen den Place Gutenberg und bieten neben einer gut sortierten Comicauswahl auch Postkarten, Briefmarken, Poster und Plakate und natürlich Unmengen alter Bücher an.

109 [F6] **Erzeugermarkt,** place du Vieux-Marché-aux-Poissons, samstags 7.30–13 Uhr. Dieser winzige Markt direkt an der Ill bietet Blumen, aber auch Honig,

EXTRATIPP

Shop 'n' Stop

Wer beim Shoppen eine kurze Pause einlegen will, der ist im Kaufhaus Galeries Lafayette (s. l.) gut aufgehoben: Im 3. Stock befindet sich ein hübsches Restaurant, in dem man unter einem Stuckgewölbe Sandwiches, Salate, Desserts, gepresste Säfte und Bier vom Fass genießen kann.

014sb Abb.: tk

Gewürze, Fisch, Fleisch und Käse – meist aus biologischem Anbau. Sehr überschaubar und absolut charmant.

110 [F6] **Trödelmarkt,** rue du Vieil Hôpital, rue du Vieux-Marché-aux-Poissons, place de l'Etal und place de la Grande-Boucherie, mittwochs und samstags 7–16 Uhr. Darfs ein antiker Schrank oder ein alter Sessel sein? Oder vielleicht doch lieber Omis Tafelsilber oder Opis alte Bildersammlung? Die Händler, die zweimal die Woche anreisen, bringen allerlei Trödel und Antikes mit und verlangen dafür mitunter saftige Preise. Handeln ist daher oberstes Gebot.

111 [I5] **Wochenmarkt Marché du boulevard de la Marne,** boulevard de la Marne, dienstags und samstags 7–13 Uhr. Es ist der größte Wochenmarkt in Straßburg und ein beliebter Treffpunkt noch dazu: Die Auswahl an Lebensmitteln und Delikatessen ist riesig und bietet von Käse, Fisch, Fleisch, Gemüse und Pasta die ganze Palette frischer Waren, zum Teil aus biologischem Anbau direkt vom Bauern. Spezialitäten wie *Munster fermier,* auf dem Bauernhof produzierter Rohmilchweichkäse, oder hausgemachte Würste und *fromage blanc* (Quark) lohnen auch als köstliches frisches Mitbringsel für die Daheimgebliebenen.

Der Büchermarkt (s. S. 73) am Place Gutenberg 10

Mode

112 [E6] **adidas,** 12–18, rue de grandes Arcades, Mo–Sa 10–19 Uhr. Das legendäre deutsche Label hat selbstverständlich auch in Straßburg seine Fans. Die neuesten Kollektionen gibts in direkter Nachbarschaft zum Place Kléber.

113 [F6] **Antoine e Lili,** 20, rue des Juifs, Mo 14–19 Uhr, Di/Mi 10.30–13 Uhr, 14–19.30 Uhr, Do/Fr 10.30–19.30 Uhr, Sa 10–19.30 Uhr. Wer beim nächsten Theater- oder Opernbesuch aus der Menge herausstechen will, der findet bei Antoine e Lili garantiert die passende, ausgefallene Abendgarderobe.

114 [F6] **Bretzel Airlines,** 2, rue du Parchemin, rue des Juifs, www.bretzelairlines.com, Di–Sa 10–12.30 Uhr, 13.30–19 Uhr. T-Shirts in allen erdenklichen Größen für Männer, Frauen und Kinder, bevorzugt mit ausgefallenen elsässischen und Bretzel-Motiven, daneben Tassen, Postkarten und Magnete.

115 [E6] **Dogo,** 118, grand rue, Mo 14–19, Di–Do 10–13 und 14–19 Uhr,

Fr/Sa 10–19 Uhr, www.dogostore.com. Egal ob flache Schuhe, Sandalen, Boots oder High Heels: Wer es bunt und ein bisschen verrückt liebt, ist in diesem kleinen Schuhgeschäft an der richtigen Adresse.

116 [F6] **G-Star Raw,** 9, rue du Dôme, Mo 14–19 Uhr, Di–Sa 10–19 Uhr. Am Eingang begrüßen zwei riesige Nashornköpfe die *fashion victims.* Unter den Dickhäuterschädeln gibts die Kollektion des Labels für Sie und Ihn.

117 [F6] **Grunge Boutik,** 10, rue de Faisan, Mo 13.30–19, Di, Do, Fr 10.30–12.30 und 13.30–19, Mi, Sa 10.30–19 Uhr. Schuhe, Kleider, Taschen und Gürtel – alles im Rock- und Grunge-Style.

118 [E6] **IKKS,** 126, Grand rue, Mo–Sa 10–19 Uhr. Coole Schnitte und Formen in meist dunklen Farben. Damit die ganze Familie trendig daher kommt, gibt es bei IKKS das passende Stück für Frauen, Männer und die Jüngsten.

119 [E6] **La Fee Maraboutée,** 107, grand rue, Mo–Sa 10–19 Uhr. Lässige Mode u. a. vom Label American Vintage.

120 [F6] **Lilith,** 1, rue des Juifs, Tel. 0388220288, Mo 14–19 Uhr, Di, Mi 10–13 und 14–19 Uhr, Do–Sa 10–19 Uhr. Lilith – das ist verträumte, individuelle Mode in Pastellfarben und mit weiten Schnitten.

121 [F6] **Mistyk,** 7, rue des Frères, Di–Sa 14–19 Uhr. Lässige Alltagskleidung, u. a. von Leon & Harper.

122 [E6] **Superdry Store,** 10, rue des Grandes Arcades, www.superdry.de, Mo 11–19 und Di–Sa 10–19 Uhr. Die Mode von Superdry verbindet japanisches Design und den US-amerikanischen Stil der 1960er- und 1970er-Jahre.

123 [G5] **Ultra Orange,** 8, avenue de la Marseillaise, Tel. 0388246554, www.ultra-orange.com, Di–Sa 10–12.30 Uhr, 13.30–19 Uhr. Junge, bunte und schrille Mode von Mamatayoe über Zen Spirit bis Skunkfunk.

Weinhandel Nicolas (s. S. 76)

EXTRATIPP

Der Weinkeller des Straßburger Hospizes

Weinliebhaber sollten unbedingt die Besichtigung des historischen Weinkellers des Straßburger Hospizes einplanen. Der Keller existiert bereits seit 1395.

Hintergrund für die Einrichtung eines Weinkellers in einem Krankenhaus war die eigentümliche Bezahlung der Patienten, die ihre Behandlungskosten mit Reben beglichen. Das Hospiz kam durch diese Art der Rechnungsbegleichung irgendwann in den Besitz so vieler Reben, dass es damit begann, eigenen Wein zu produzieren und für diesen einen Keller einrichtete. Der Wein wiederum wurde auch an die Patienten ausgeschenkt – und zwar bis zu zwei Liter täglich.

Im Laufe der Jahrhunderte hat man in diesem Weinkeller mit seinem imposanten Gewölbe eine beachtliche Anzahl von historischen Weinfässern und ein beeindruckendes Sortiment an erlesenen Weinen gesammelt: Im Keller lagert nicht nur der älteste Wein der Welt in einem Fass aus dem Jahre 1472, sondern auch ein Riesenfass, das zur Weltausstellung 1900 in Paris ausgestellt wurde. Im Weinkeller können auch Weine anderer Erzeuger mit dem Gütezeichen „Hospices de Strasbourg" gekauft werden – sicherlich ein nettes Mitbringsel für die daheimgebliebenen Weinfreunde.

Eine Führung gibt Einblicke in die Geheimnisse des historischen Weinkellers und lässt seine Anekdoten lebendig werden – inklusive Weinprobe.

130 [E7] **Cave historique des Hospices de Strasbourg,** 1, place de l'Hôpital, Tel. 0388116450, Mo–Fr 8.30–12 Uhr, 13.30–17.30 Uhr, Sa 9–12.30 Uhr, Einzelpersonen haben freien Eintritt ohne Führung. Führungen können nur von Gruppen nach vorheriger Anmeldung unter cave-hospices@chru-strasbourg.fr gebucht werden.

Porzellan und Keramik

124 [F6] **Poterie D'Alsace,** 3, rue des Frères, Mo 14–19 Uhr, Di–Sa 10–19 Uhr. Im hübschen Fachwerkambiente gibt es hier typisch elsässische Keramik und Porzellan: Karaffen, Römertöpfe, Gugelhupf-Formen und Tassen – leider nicht ganz preiswert.

Wein

125 [F7] **L'Art du Vin,** 16, rue d'Austerlitz, Mo 14–19, Di–Fr 9.30–13 u. 14–19 Uhr, Sa 9–13 u. 13.30–19 Uhr. Exquisiter Weinladen, der auch Schnäpse und Whiskysorten im Angebot hat und in einer beliebten „Flaniermeile" von Krutenau liegt.

126 [F6] **Nicolas (1),** 18, rue des Orfèvres, Mo 14.30–18.30 Uhr, Di–Fr 9–19 Uhr, Sa 9–18.30 Uhr. Bezahlbare Weine von guter Qualität, auch elsässischer Riesling wie Pinot noir oder Silvaner stehen im Regal. Filiale:

127 [F7] **Nicolas (2),** 11, rue d'Austerlitz, Di–Fr 10–12.30, 14.30–19.30, Sa 10–19 Uhr

128 [E6] **Terres à vin,** 1, rue du Miroir, Tel. 0388513720, tgl. 10–0.30 Uhr, www.terresavin.com. 1600 Weine aus knapp 30 Ländern lassen keinen Wunsch offen. Wer will, kann für rund 20 Euro pro Person auch an einer Degustation mit kleinem Essen teilnehmen (Reservierung erforderlich).

Zeitschriften/Medien

129 [E6] **La Régence,** 24, rue du 22 Novembre. Der kleine Tabak- und Zeitschriftenladen ist gut mit deutschsprachigen Zeitungen bestückt: Ob SZ, taz, Zeit, FAZ oder NZZ – es liegt immer die aktuelle Ausgabe im Regal.

Riesling, Silvaner, Pinot noir – Weinparadies Elsass

Schon seit der Römerzeit sind Straßburg und das Elsass Weinanbaugebiet. Die Weine, die hier produziert und zum großen Teil auch exportiert werden, haben einen ausgezeichneten Ruf. Etwa 90 % der Elsässer Weine sind ***Weißweine,*** *von denen der unbestrittene König der* ***Riesling*** *ist. Ebenfalls von hoher Qualität sind die Gewürztraminerweine der Region, gefolgt von* ***Muscat und Pinot gris*** *sowie den weniger edlen, aber nicht minder beliebten Silvaner und Pinot blanc. Unter* ***„Edelzwicker"*** *versteht man einen Verschnitt mehrerer Weißweine.*

Die einzige ***Rotweinrebe*** *des Elsass ist der Pinot noir, der aber meist kaum dunkler als ein Rosé ins Glas kommt. Mit dem* ***„Crémant d'Alsace"*** *wird darüber hinaus ein trockener, aus mehreren Rebsorten gemischter, regionaler Schaumwein hergestellt.*

Mehr als 7000 Produzenten bewirtschaften ca. 14.500 Hektar Gesamtrebfläche im Elsass, einer der nördlichsten Weinanbauregionen Frankreichs.

Der Wein des Elsass verdankt seine gute Qualität, neben dem guten Boden und dem regenarmen Klima zwischen Vogesen und Rheintal auch einem strikten Kontrollsystem. Es kommt kein Wein in den Verkauf, der nicht vorher mehrfach kontrolliert wurde. Hilfreiche Hinweise geben dem Kunden die ***Etikettinformation*** *„Appellation Alsace Grand Cru", die auf besonders gute Tropfen aus edlen Anbaugebieten hinweist. Außerdem sollte man darauf achten, dass der Wein direkt vom Erzeuger abgefüllt wurde („mis en bouteille á la propriété") und nicht von einem Großhändler stammt („coopérative"), deren Ware es wie bei jeder Massenproduktion meist nicht mit der Qualität kleinerer Winzerbetriebe aufnehmen kann. Trotz wachsender Unwägbarkeiten beim Wetter sind die Winzer mit ihren letzten Jahrgängen zufrieden.*

Es überrascht wenig, dass die Weine der Region aufs Köstlichste zu den ***Spezialitäten der Elsässer Küche*** *passen. Auch hier ist der Riesling seinen Konkurrenten überlegen, da er beinahe zu jedem Gericht mit Genuss getrunken werden kann. Sowohl mit Schweinefleisch und Geflügel, aber auch mit Meeresfrüchten, den traditionellen Sauerkrautmenüs und einem schlichten Flammkuchen ist der Riesling wunderbar zu kombinieren. Besonders für leichte Mahlzeiten eignen sich Silvaner, Pinot blanc und auch der Pinot noir. Diese erfrischenden Sorten haben einen geringeren Alkoholgehalt und sind oft - auch in der Gastronomie - erfreulich preiswert.*

Um sowohl einen regionalen Wein als auch eine lokale kulinarische Spezialität zu genießen, sollte man in jedem Fall wenigstens ein Mal in eine typisch ***elsässische „Winstub"*** *einkehren. Diese urigen Vorläufer moderner Weinbars dienten früher als Weinlager und eröffneten den Winzern schon bald neue Absatzmärkte, indem die Kunden neue Weine kennenlernen konnten und dazu Hausmannskost verzehrten. Heute ist die gemütliche „Winstub"* ***das*** *Sinnbild der elsässischen Gastronomie.*

Rund um Straßburg bietet die ***Elsässer Weinstraße*** *zahllose weitere Gelegenheiten, den Wein der Region noch besser und in der direkten Nachbarschaft der Weinberge kennenzulernen.*

Straßburg zum Träumen und Entspannen

Da Straßburg weder hektisch, noch laut oder auf andere Weise stressig ist, lässt es sich in der schönen Münsterstadt besser entspannen als andernorts. Das komplette Areal der Altstadtinsel ist UNESCO-geschütztes Weltkulturerbe und hat ein entsprechend homogen-attraktives Erscheinungsbild. Hässliches oder Unerfreuliches wird man in diesem Schmuckkästchen praktisch nicht finden. Wer sich von seiner Besichtigungstour oder auch dem Einkaufen erholen möchte, kann das besonders gut an den folgenden Orten.

Uferspazierweg an der Ill

Am Ufer der Ill, einige Meter unterhalb von Straßen und Verkehr, verläuft ein idyllischer Spazierweg, auf dem man die Altstadtinsel umrunden kann. Immer wieder bieten sich hier Gelegenheiten zum Innehalten, Schauen, Träumen. Auf viele der historischen Gebäude und Winkel ergeben sich außerdem ganz neue, interessante Perspektiven.

Parc de l'Orangerie 25

Zweifellos ist das weitläufige Gelände nahe dem Europaviertel die schönste Parkanlage der Stadt und ein entsprechend angenehmer Ort zum Entspannen. Sitzbänke, Blumenrabatten, Storchennester, ein großzügiges Wegenetz und ein „kaiserlicher" Pavillon machen die Orangerie zu einem grünen Kleinod inmitten der Stadt.

Parc de Pourtalès

Das schöne Parkareal im Nordosten der Stadt verfügt über einen uralten Baumbestand, zwei kleine Seen und ein Schloss. Der auch bei den Einheimischen sehr beliebte Park sollte sonntags eher gemieden werden, da es dann fürs Träumen etwas zu voll sein könnte.

Botanischer Garten 30

Der Jardin Botanique ist ein kleiner Geheimtipp fürs Chillen. In der Regel ist dieses lauschige grüne Fleckchen weniger bevölkert als die großen Parks der Stadt. Hier gibt es herrliche kleine Rückzugsorte und breite Holzstege, die von Weiden behangen in den Teich ragen und geradezu zum Entschleunigen einladen.

Place du Marché Gayot 5

In den Abend- und Nachtstunden steppt an diesem Platz der Bär und auch tagsüber ist es einer der stimmungsvollsten Orte der Altstadt. In fast jedem der bunten Fachwerkhäuser gibt es ein Restaurant oder Café. Dieser Fleck ist eine wahre Oase für laufmüde Citybummler.

Place Benjamin Zix 16

Durch die besonders prächtigen Fachwerkhäuser, die Schleuse und die Drehbrücke am Place Benjamin Zix wird hier selbst das Entspannen zum Sightseeingerlebnis. Das frisch renovierte und vergrößerte Restaurant **La Corde à Linge** (s. S. 59), berühmt für seine Spätzlegerichte, hat einen schier endlosen Außenbereich, der den halben Platz ausfüllt: *der* Ort für eine beschauliche Siesta zwischen Shopping und Museumbesuch.

011sb Abb.: tk

Zur richtigen Zeit am richtigen Ort

Eine Reise nach Straßburg lohnt immer. Die Stadt bietet das ganze Jahr über so viele Anlässe für einen Besuch, dass die Wahl eines bestimmten Zeitpunkts stark von den individuellen Interessen und Vorlieben abhängt.

Besonders empfehlenswerte Reisezeiten sind jedoch der Spätsommer, wenn sich das Leben draußen abspielt, man durch die schmalen Gässchen der Altstadt schlendern und in Straßencafés verweilen kann, sowie die Weihnachtszeit, in der Straßburg einen ganz besonderen Charme versprüht und sich in eine einzige glitzernde Weihnachtsdeko mit dem größten Weihnachtsbaum Frankreichs verwandelt.

Januar/Februar

› **Weinmesse:** Für Weinliebhaber ist Straßburg eine perfekte Anlaufstelle, besonders im Februar, wenn Frankreichs Winzer auf dem Messegelände Wacken ihre Produkte vorstellen und natürlich auch zur Verkostung anbieten – über 1000 Weine stehen zur Auswahl (www.vigneron-independant.com).

› **Carneval de Strasbourg:** Jedes Jahr am Faschingssonntag veranstalten die Karnevalisten einen großen Umzug durch die Innenstadt.

⌃ *Spontan-Folklore am Place Gutenberg* ⑩

Weihnachtszeit in Straßburg

In der Weihnachtszeit verwandelt sich Straßburg in eine einzige romantische, festlich-feierliche Weihnachtsdekoration. Ganze Straßenzüge sind dann mit Lichternetzen, Tannenzweigen und Girlanden reich geschmückt und funkeln in den buntesten Farben. Die Weihnachtsbeleuchtungen, die vom Schaufensterverband in Zusammenarbeit mit der Stadt organisiert werden, tauchen Straßburg in ein dekoratives Lichtermeer. Straßen und Häuser, die Fassaden der Kirchen, Fenster und Balkone erstrahlen so im Schein unzähliger Lichter und Farben. Der Lichterpfad dient Besuchern als Orientierung, denn die schier unendlichen Girlanden sind in Richtung Kathedrale aufgespannt und führen direkt zum schönsten und berühmtesten Weihnachtsmarkt Straßburgs, dem „Christkindelsmärik" am Münster ❶.

Schon seit 1570 versammeln sich rund um die prächtige Kathedrale die Weihnachtsstände und machen damit den ***Straßburger Weihnachtsmarkt zum ältesten Frankreichs und Europas.*** *Seine Anziehungskraft hat der Markt seither nicht verloren, im Gegenteil: Die weihnachtliche Veranstaltung zieht jährlich Tausende von Besuchern aus ganz Europa an. Die geschmückten Fachwerkfassaden rund um das ehrwürdige Münster und die vielen nostalgisch anmutenden Stände versprühen eine festliche Magie und lassen den Markt wirken, als wäre er tatsächlich gerade dem Mittelalter entsprungen. Überall duftet es nach Glühwein und Zimt, nach Lebkuchen und Maronen und nach heißem Orangensaft mit Honig, an den Ständen werden Kunsthandwerk und Weihnachtsschmuck verkauft. Die Produkte unterscheiden sich dabei vielfach von denen anderer Weihnachtsmärkte und sind nicht ohne Weiteres im normalen Handel erhältlich, denn die Stadtverwaltung achtet penibel auf Qualitätsstandards, um die außergewöhnliche Atmosphäre zu erhalten.*

Der ***„Christkindelsmärik"*** *verteilt sich aber nicht nur um die Kathedrale, sondern auf mehrere Standorte der Innenstadt: vom Place du Marché-Neuf über den Place des Meuniers bis hin zum Place Benjamin Zix* ⓰. *Mit seinen vielen verschiedenen Weihnachtsmarktarealen im historischen Zentrum lädt Straßburg zu einem herrlichen Spaziergang voller Sinnenfreude ein. An allen Standorten werden elsässische Spezialitäten angeboten: Fans von Gebäck sollten auf dem Bredle-Markt die traditionellen elsässischen Weihnachtsplätzchen probieren.*

Auf dem Place Kléber steht zudem ab Mitte November der ***größte Weihnachtsbaum Frankreichs,*** *der jedes Jahr eine andere Dekoration aus Lichterketten und Farben erhält. Der Tradition zufolge legen die Einwohner Straßburgs noch heute Geschenke für die Bedürftigen am Fuße des großen Weihnachtsbaums nieder, karitative und humanitäre Vereine und Hilfsvereinigungen sammeln Spenden.*

Weihnachten in Straßburg bedeutet aber nicht nur Märkte und Dekoration, Weihnachten in Straßburg, das sind auch die traditionellen Melodien. Überall ertönen stimmungsvolle Weihnachtskonzerte, die von Orchestern, Chören, Gospelchören, Duos und Solisten im Chor des Münsters, in Kirchen und Kapellen der Stadt veranstal-

tet werden und für Besucher kostenlos sind.

Frei nach dem Motto „Im Elsass kommen am Weihnachtsabend alle zusammen, am Tisch gibt es immer ein Gedeck für einen Fremden" wählt die Stadt zudem jedes Jahr ***ein Land als Ehrengast*** *aus, das auf dem Weihnachtsmarkt vertreten ist. Das Gastland bereichert den traditionellen Weihnachtsmarkt mit landestypischer Handwerkskunst und kulinarischen Spezialitäten und beteiligt sich darüber hinaus am kulturellen Programm.*

Die Weihnachtszeit in Straßburg bietet ein reichhaltiges Programm und eine unvergleichliche Atmosphäre. Nicht umsonst nennt sich Straßburg ***Capitale de Noel,*** *die „Weihnachtshauptstadt". Wer beim Erkunden des reichhaltigen Angebots auf professionelle Hilfe nicht verzichten will, dem stehen auch zur Weihnachtszeit themenspezifische Führungen zur Auswahl: So organisieren die katholischen, protestantischen und orthodoxen Gemeinden von Straßburg meist kostenlose kulturelle Weihnachtsspaziergänge zu den Straßburger Kirchen sowie zu diversen künstlerischen und spirituellen Veranstaltungen. Die Tourismuszentrale begibt sich wiederum auf einen Weihnachtsparcours, der an den unterschiedlichen Plätzen vorbeiführt und dabei sowohl an die Geschichte der ältesten Weihnachtsmärkte in Frankreich als auch an die altüberlieferten elsässischen Traditionen wie den Weihnachtsbaum, den Adventskranz, den Lebkuchen und die „Bredle", den typischen Weihnachtskuchen, erinnert.*

› *Infos: www.noel.strasbourg.eu*

März

› **Les Giboulées de la Marionnette:** Längst ist es eine Institution und findet bereits seit über dreißig Jahren statt – das Marionettenfestival „Les Giboulées de la Marionnette". Hierbei geben sich traditionell Puppenspieler aus ganz Europa die Ehre und präsentieren neue Inszenierungen, die sich nicht nur für die Jüngsten, sondern die ganze Familie eignen. Die zahlreichen verschiedenen Veranstaltungsorte in und um Straßburg sowie sonstige Auskünfte und Reservierungen erfährt man unter Tel. 0388357010. TJP Grande Scène, 7 rue des Balayeurs (www.tjp-strasbourg.com).

Mai/Juni

› **Strasbourg Danse:** Im Théâtre Pôle Sud entwickelt man seit 1989 mit großem Erfolg regelmäßig Tanz- und Musikprojekte, die im Mai bei einem Festival zur Aufführung gebracht werden. Mehrere Säle bzw. Studios bieten Platz für die vielfach experimentellen Darbietungen von hohem Niveau. Théâtre Pôle Sud, 1, rue de Bourgogne, Tel. 0388392340, www.pole-sud.fr.

› **Halbmarathon:** Der besondere Reiz von Halbmarathons und anderen Laufwettbewerben in und um Straßburg besteht darin, dass sie häufig grenzüberschreitend sind wie z. B. der Stadtlauf Straßburg–Kehl im Mai. Weitere Informationen über das 21,1-km-Event findet man online unter http://www.coursesdestrasbourg.eu

› Seit 2004 findet jedes Jahr im Juni das **Electrogroove-Festival „Contre-Temps"** statt. In verschiedenen Locations werden elektronische Musik aller Art, Party-Events, Workshops, Kunstaktionen, DJ-Konzerte etc. angeboten. Das Programm samt Vorverkaufsinfos gibt es im Netz unter www.contre-temps.net.

EXTRATIPP

Veranstaltungshinweise
Einen guten Überblick über aktuelle Termine sowie über neue oder kleinere Veranstaltungen bietet die mehrsprachige Website des Fremdenverkehrsamtes (Office de Tourisme de Strasbourg et sa Région): **www.otstrasbourg.fr.**

Juli

- **Wasser- und Lichtspiele:** Mittlerweile zu einer festen Sommerinstitution geworden, begeistert dieses Event die Straßburger und Gäste gleichermaßen. Veranstaltungsort ist das Bassin d'Austerlitz, wo in den späten Abendstunden (ab 22 Uhr) Wasserspiele, Feuerwerke und Multimediaeffekte wechselnde Themen und Gestalten der Regionalgeschichte darstellen. Die rund halbstündige Veranstaltung kann auch von Ausflugsschiffen (www.batorama.fr oder Tel. 0388841313) aus erlebt werden (www.ete.strasbourg.eu).

September/Oktober

- **Musica:** Das Internationale Festival für zeitgenössische Musik wurde 1982 gegründet und findet alljährlich von Ende September bis Mitte Oktober statt. Die Bilanz des Festivals kann sich sehen lassen: In seiner über 30-jährigen Geschichte hat „Musica" mehr als 740 Konzerte und Spektakel hervorgebracht und über 2290 Werke von mehr als 620 Komponisten aus 35 verschiedenen Ländern präsentiert. Die meisten Konzerte finden in der Cité de la Musique statt, der Straßburger Musikhochschule in der Rue du Fossé des Tanneurs [E6], andere an dafür umfunktionierten Locations wie Fabriken (www.festivalmusica.org).
- **L'Ososphère:** Ein Muss für alle Fans elektronischer Musik. Ende September bis Mitte Oktober verwandelt sich ein ehemaliges Straßburger Industriegelände in ein wahres Mekka für Elektromusik – und das schon seit 1997 (www.artefact.org/lososphere).
- **Festival Voix et Route Romane:** Im September laden die elsässischen Kirchen in Straßburg zu einem Festival mittelalterlicher Musik ein. Das Motto der relativ jungen Veranstaltung wechselt jährlich – die besondere Atmosphäre in den teilnehmenden Kirchen ist aber in jedem Jahr stimmungsvoll (www.voix-romane.com).

November/Dezember

- **ST'Art:** Auf dem Messegelände Wacken findet im November mit der ST'Art jährlich eine Ausstellung zeitgenössischer Kunst statt. Galerien aus ganz Europa stellen im November junge, aufstrebende sowie bereits etablierte Künstler vor (www.st-art.fr).
- **Jazzfestival Jazzdor:** Jazzdor ist ein Festival für modernen französischen und europäischen Jazz, das jährlich im November stattfindet. Aus der erfolgreichen Veranstaltung mit ihren zahlreichen Konzerten und Improvisationen hat sich mittlerweile auch ein Ableger in Berlin entwickelt (Jazzdor Strasbourg–Berlin). Jazzdor, 25, rue des Frères, Tel. 0388363048, www.jazzdor.com.
- **Weihnachten:** In der gesamten Altstadt finden sich Christkindelsmärkte *(Marché de Noel):* auf dem Place des Meuniers, dem Place Benjamin Zix, dem Place du Marché-Neuf und dem Place Broglie, wobei der Weihnachtsmarkt vor dem imposanten Münster einer der schönsten Frankreichs ist (Ende November bis 31.12.). Auf dem Place Kléber steht zudem noch der größte Weihnachtsbaum Frankreichs.

STRASSBURG VERSTEHEN

003sb Abb.: fo © Sven Hoppe

Das Antlitz der Stadt

Straßburg ist eine internationale Stadt. Nicht, weil sie so viele Einwohner wie Paris oder London hätte, sondern weil sie sich mit ihren vielen europäischen Institutionen als „Hauptstadt Europas" versteht. Mit der bezaubernden historischen Altstadt auf der einen und dem weitläufigen modernen Europaviertel auf der anderen Seite vereinigt die größte Stadt des Elsass die Kontraste des alten Kontinents in sich. Für Liebhaber guter Küche und erlesener Weine, für Museumsfans und Freunde des kultivierten Shoppings ist das überschaubare Straßburg ein perfektes Reiseziel.

Elsass, nicht Frankreich

Als Hauptstadt des Départements Bas-Rhin und *die* Metropole der Region bündelt Straßburg die politische, wirtschaftliche und kulturelle Kraft des Elsass. In der Stadt im äußersten Osten Frankreichs hat sich durch die besonders wechselvolle Geschichte **eine eigene elsässische Identität** entwickelt und bis in die heutige Epoche der Europäischen Union erhalten. Straßburg ist eine Grenzstadt, vis-à-vis der deutschen Stadt Kehl. Durch die Lage in der oberrheinischen Tiefebene ist Straßburg **von einem milden Klima begünstigt.** Die Höhenzüge der Vogesen und der deutsche Schwarzwald sind nicht fern und steigern die ohnehin hohe Lebensqualität der Stadt an Rhein und Ill.

Typischer Ausblick auf die Ill

Vorseite: Klein, aber international - Europastadt Straßburg

Die Ausnahmestellung Straßburgs im Vergleich zu anderen französischen Städten vergleichbarer Größe spürt der Besucher immer wieder. Als eine der letzten französischen Regionalsprachen ist das **Elsässisch** noch sehr präsent, sei es bei der Kommunikation der Bewohner, in der Untertitelung der Straßenschilder oder auf den Speisekarten der Restaurants.

Mehrere **Sehenswürdigkeiten** laden zur Beschäftigung mit Eigenart und Geschichte der Region, z.B. das reizvolle Elsässische Museum und auch das Historische Museum. In dem berühmten Théâtre de la Choucrouterie (s. S. 26) von Roger Siffer und im Tomi-Ungerer-Museum lernt man die kabarettistischen bzw. karikaturistischen Seiten des Elsass kennen. Zu guter Letzt sind es natürlich die zahlreichen *Winstubs, Bierstubs* und Restaurants, in denen der Reisende spürt: Hier geht es anders zu als im riesigen Rest von Frankreich. Eine eigenständige kulinarische Tradition präsentiert eine deftige und fleischreiche Küche, in der meist große Portionen serviert werden.

Das Münster, Straßburgs Eiffelturm

Das Antlitz Straßburgs wird von seiner gigantischen Kathedrale auf eine Weise geprägt, wie man es in Deutschland wohl nur von Köln und Ulm kennt. Schon von Weitem kündet der mehr als 140 m hohe Münsterturm als **Wahrzeichen der Stadt** von deren großer geschichtlicher und kultureller Bedeutung. Hier muss man wahrlich kein Kunsthistoriker sein, um ins Schwärmen zu geraten. Schon Goethe, einst Student in

Straßburg, riet, man solle hochsteigen, um sich einen Überblick über die Stadt und ihre Umgebung zu verschaffen, ehe man unten fröhlich losschlendert. Dieser Rat macht zwar noch heute Sinn, aber wem die enge, schier endlose Treppe bis hinauf auf die Turmplattform zu mühsam ist, der findet im und am Münster genug Begeisterndes. Hier lernt man, was es heißt, wenn ein Gebäude einen Platz dominiert. Kultur und Geschichte, Reichtum und Religion – alles, was die Bedeutung der Elsassmetropole im Laufe der Jahrhunderte und bis heute ausmacht, bündelt sich an diesem Ort auf unvergleichliche Weise. Die prachtvolle gotische Kathedrale und der Münsterplatz lohnen Besuche auch zu verschiedenen Jahres- und Tageszeiten, da Licht und Witterung das grandiose Wahrzeichen der Stadt immer wieder in eine andere Stimmung tauchen. Und nicht nur die legendäre Westfassade mit ihrem überbordenden Figurenschmuck ist sehenswert; wer die nötige Zeit mitbringt, wird auch an den anderen Fassaden und im herrlichen Kirchenschiff immer wieder prächtige Details entdecken.

Umgeben ist die Kathedrale, der Fixpunkt der Orientierung in Straßburg, von jahrhundertealten Straßenzügen, Gassen und Gebäuden, die schon im Jahr 1988 von der UNESCO **als Welterbe der Menschheit** ausgezeichnet wurden. Von Kriegsschäden weitgehend verschont, vermittelt dieses Stadtviertel dem Besucher einen authentischen Eindruck des historischen Straßburg vom späten Mittelalter über Renaissance und Barock bis ins 19. Jahrhundert. Besonders sehenswerte Hauptachsen dieses geschichtsträchtigen Areals sind die Grand Rue/Rue Gutenberg/Rue des Hallebardes/Rue des Juifs sowie die Rue des Grandes Arcades/Rue du Vieux Marché aux Poissons und die Rue des Orfèvres/Rue du Maroquin.

Rund um die Ill

Der Kern von Straßburg ist die von dem Flüsschen Ill umrahmte Insel **Grand Île** (große Insel). Zwar ballt sich dort das Gros der Sehenswürdigkeiten, Geschäfte und Restaurants, doch auch jenseits der Uferregion ist Straßburg eine höchst attraktive, facettenreiche Stadt.

055sb Abb.: fo © Netfalls

Elsässisch – bedroht, aber lebendig

Schon der Blick auf die Landkarte zeigt es: Eingerahmt von den Höhenzügen der Vogesen im Westen und dem Rhein im Osten breitet sich das Elsass am äußersten Rand des französischen Mutterlands aus. Die Region scheint mit dem Rücken zu Paris zu liegen und sich Richtung Baden und Schweiz zu öffnen. Kein Wunder, dass sich hier mit dem ***Elsässisch oder „Elsässerditsch“*** *ein eigener, fränkisch-alemannischer Dialekt entwickelt und bis heute erhalten hat, der vielen deutschsprachigen Besuchern vertrauter klingt als manchem Gast aus Bordeaux oder Marseille. So liegt das elsässische „Muodr“ zweifellos näher am hochdeutschen Begriff „Mutter“ als am französischen Wort „maman“. Ebenso ähnelt das gesprochene „mr“ durchaus dem deutschen „wir“, weniger jedoch dem französischen Pendant „nous“. Das Elsässisch gilt als* ***eine der letzten lebendigen Regionalsprachen in Frankreich.*** *Wie bei vielen bedrohten Minderheitensprachen kommt auch dem Elsässisch eine große kulturelle und identitätsstiftende Bedeutung zu. Die Sprache galt ihren Sprechern und Verteidigern immer schon als gelebte Opposition zum Pariser Zentralismus, der alles Nichtfranzösische im Land dominieren wolle. Sie symbolisierte aber auch den Widerstand gegen den preußischen Militarismus während der deutschen Kaiserzeit.*

Trotz der konfrontativen Haltung vieler Elsässer gegenüber Frankreich finden sich auch im Elsässischen viele Begriffe, die auf einen französischen Wortstamm zurückgehen. So heißt das „Fahrrad“ hier „Velo“ und der „Bürgersteig“, frz. „trottoir“, nennt sich hier „Trottwar“.

Als das Elsass (Reichsland Elsass-Lothringen) von 1871 bis 1918 zum Deutschen Kaiserreich gehörte, war ***Deutsch die offizielle Amtssprache.*** *In manchen Gegenden war Deutsch die Unterrichtssprache, in anderen Regionen Französisch, je nachdem, ob es sich um ein vorwiegend deutsch- oder französischsprachiges Gebiet handelte. Nach dem Untergang des Deutschen Kaiserreichs fiel das Elsass wieder an Frankreich und die* ***französische Sprachpolitik*** *ging von 1918 bis zur nächsten deutschen Besatzung 1940 streng sowohl gegen die deutsche als auch gegen die elsässische Sprache vor. Französisch wurde zur alleinigen Amts- und Schulsprache; wer sich des Deutschen oder Elsässischen bediente, hatte bisweilen sogar mit Strafen zu rechnen.*

So erstrecken sich südlich der Ill die Viertel **Krutenau** und Finkwiller. Sie sind keine adretten Schmuckkästchen, aber durch Lokale, Klubs und kleine Läden durchaus lohnende Ziele für einen gemütlichen Citybummel oder für abendliche Vergnügungen. Oberhalb der Rue Finkwiller liegt das **ehemalige Gerberviertel La Petite France** mit seinen pittoresken Kanälen. Hier vereinigen sich die mittelalterlichen Wehranlagen der Barrage Vauban und der Ponts Couverts mit dem schmuckvollsten Fachwerkidyll der Stadt zur vielleicht schönsten Ecke von ganz Straßburg.

Dass man in Straßburg die architektonische Moderne nicht verschla-

Heute wird der Dialekt in der Regel in der Familie, unter Freunden und Nachbarn sowie im Alltag etwa beim Einkauf oder mit Handwerkern gesprochen. Von den rund 1,8 Millionen Bewohnern des Elsass beherrschen bzw. sprechen aber nach Schätzungen nur rund 35 % die heimische Mundart, bei abnehmender Tendenz. Wie Untersuchungen gezeigt haben, ist sie im ländlichen Raum weiter verbreitet als in den Städten und bei den älteren Generationen häufiger anzutreffen als bei den jungen Leuten. Während also elsässisch gesprochen wird, wird in der Regel französisch geschrieben und gedacht und das Deutsche häufig nebenher fehlerfrei beherrscht.

Die Verteidiger des Französischen werfen ihren Kritikern vor, rückwärtsgewandte Folkloristen und pro-germanische Nostalgiker zu sein. Die Dialektvorkämpfer streben eine ***Dreisprachigkeit*** *an: Französisch als Nationalsprache, Elsässisch als Muttersprache und Hochdeutsch als Schriftform des Dialekts. Ob die Regionalsprache genügend gefördert, vernachlässigt oder gar unterdrückt wird, ist seit Jahrzehnten eine immer wieder hitzig diskutierte, offene Frage. Fest steht, dass ihre Mehrsprachigkeit vielen Elsässern eine größere Wettbewerbsfähigkeit am Arbeitsmarkt beschert. Zehntausende von Pendlern ins nahe gelegene Baden-Württemberg haben diese Möglichkeiten nur wegen ihrer Deutschkenntnisse. Trotzdem zeigt sich eine Präferenz zugunsten des Erhaltes des elsässischen Dialekts - zuungunsten des Standarddeutschen. Dies zeigt sich in Straßburg etwa in der* ***zweisprachigen Straßenbeschilderung,*** *die neben dem französischen Namen noch den elsässischen Begriff bzw. den der Straßburger Mundart angibt.*

Zu den wichtigen Werbern und Bewahrern des Elsässischen zählen seit Langem die Heimatvereine, Mundartdichter und Musikgruppen. Auch durch Sprachkurse, Radiosendungen und nicht zuletzt den unermüdlichen Einsatz vieler einheimischer Prominenter wie Tomi Ungerer stehen die Chancen des charmant-robusten Dialektes auf ein langes Weiterleben nicht schlecht.

› ***Buchtipp:*** *Wer sich näher (theoretisch) mit dem symphatischen Idiom befassen will, greife zu „Elsässisch - Wort für Wort", erschienen in der Kauderwelsch-Reihe des REISE KNOW-HOW Verlages.*

fen hat, offenbaren Bauten wie das **Musée d'Art Moderne et Contemporain** und der umgebaute Hauptbahnhof. Im Nordosten der Grand Île breitet sich rund um den **Place de la République** das deutsche oder wilhelminische Viertel mit seinen Monumentalbauten aus. Im historistischen Repräsentationsstil des deutschen Kaiserreichs entstand hier im letzten Drittel des 19. Jahrhunderts ein neuer Stadtteil, der heute wie ein starker Kontrast zur Fachwerkbeschaulichkeit auf der Ill-Insel erscheint. Im Südosten schließlich liegt das lebendige **Universitätsviertel** mit dem Zoologischen Museum, dem Planetarium und dem Botanischen Garten.

Wo Europa regiert wird

Folgt man vom östlichen Rand der Altstadtinsel der breiten Allée de la Robertsau, dann gelangt man rasch auf den Boulevard mit dem sinnstiftenden Namen Avenue de l'Europe. Hier, im Nordosten der Stadt, rund um das große Bassin de l'Ill, ist Straßburg weitläufig und offenbart ein weiteres, durch die europäischen Institutionen geprägtes Gesicht. **Das Europäische Parlament, der Gerichtshof für Menschenrechte und der Europarat** haben in diesem Teil der Stadt ihren Sitz, unweit des herrlichen Parc de l'Orangerie.

Eine besondere Spannung entsteht aus dem direkten Nebeneinander der großen europäischen Gebäudekomplexe und den eher unscheinbaren Einfamilienhäusern mit kleinen Gärten. Vor allem während der Sitzungswochen des Parlaments wird das Bild der Gegend von den vielen Beamten, die hier arbeiten, geprägt. Gut gekleidete Frauen und Männer mit Aktentaschen oder Koffern bevölkern dann zu Hunderten den Bezirk und schaffen eine etwas surreale Atmosphäre.

Daten, Zahlen, Fakten

Straßburg ist die **Hauptstadt und größte Stadt der Region Elsass.** Sie liegt auf dem Breitengrad 48° 35' und damit etwa auf einer Höhe mit Seattle. Zusammen mit Nizza ist Straßburg die östlichste Großstadt Frankreichs. Es zählt zu den Besonderheiten Straßburgs, dass sich Sehenswürdigkeiten und politische Bedeutung durch die Jahrhunderte auf sehr engem Raum versammeln. Die Stadtfläche beträgt nur rund 78 km^2 (zum Vergleich: Berlin 890 km^2), die Einwohnerzahl liegt bei fast 280.000 und entspricht damit der Größe von Städten wie Wiesbaden oder Münster. Auffällig ist die internationale Zusammensetzung der Bewohnerschaft: Mit fast 13 % Immigranten (gegenüber einem französischen Durchschnitt von knapp 6 %) ist Straßburg eine sehr kosmopolitische Stadt. Zu den Partnerstädten Straßburgs zählen u. a. Stuttgart und Dresden, aber auch das amerikanische Boston. Die durchschnittliche Höhe über dem Meer beträgt 143 m.

Von den Anfängen bis zur Gegenwart

Die ersten archäologischen Funde, die im Raum Straßburg auf eine Besiedlung hindeuten, stammen aus der Eisenzeit (um 1000 v. Chr.). Erste Bedeutung erlangte das spätere Straßburg zu Zeiten der Römer. Wie viele andere europäische Städte auch entwickelte sich Straßburg von einem römischen Heerlager zu einer wichtigen Handelsstadt, die im Mittelalter als Bischofssitz über großen politischen und kulturellen Einfluss verfügte. Durch seine zentrale Lage am Rhein und an der Kreuzung uralter Verkehrswege war Straßburg immer wieder Ort schwerer militärischer Auseinandersetzungen. Noch Anfang des letzten Jahrhunderts gehörte die Stadt zum deutschen Kaiserreich, wovon bis heute viele Bauten und das sogenannte deutsche bzw. wilhelminische Viertel Zeugnis ablegen. In der zweiten Hälfte des 20. Jahrhunderts avancierte Straßburg neben Brüssel zur europäischen Metropole mit wichtigen Institutionen wie dem Europarat und dem Europäischen Parlament.

Stadtgeschichte in Zahlen

12 v. Chr.: Straßburg wird von dem Römer Drusus, Bruder des Kaisers Tiberius, unter dem Namen Argentoratum gegründet. Aus der Zivilsiedlung, die das Heerlager umgab, entwickelt sich im Laufe der Zeit eine bedeutende Handelsstadt. Das Zentrum liegt auf der Ill-Insel, wo sich heute die Straßburger Innenstadt befindet.

4. Jh.: Schon seit dem Frühmittelalter ist Straßburg Bischofssitz und stellt in dieser Zeit eine der stärksten militärischen Befestigungen Obergermaniens dar.

451: Bei seinem Zug gegen das Weströmische Reich zerstört Attila die Stadt.

498: Nach mehrfachem Wechsel der Zugehörigkeiten wird die Stadt schließlich Teil des Fränkischen Reichs. Unter den Franken entsteht das neue *Stratiburg* bzw. *Strateburgum,* die „Burg an den Straßen“. Im Mittelalter gehört Straßburg zum Heiligen Römischen Reich und wird zu einem der wichtigsten Wirtschafts- und Kulturzentren der Region.

842: Die feindlichen Brüder Ludwig der Deutsche und Karl der Kahle schwören sich die sogenannten „Straßburger Eide“, einen Bündnisvertrag gegen ihren Bruder Kaiser Lothar I. Diese Vereinbarung führt zur Teilung des gewaltigen Reichs Karls des Großen. Beide Seiten bedienen sich bei Formulierung des Eides jeweils der Sprache des Vertragspartners, um von dessen Anhängern verstanden zu werden. Der Text Ludwigs gilt als das erste schriftsprachliche Zeugnis des Altfranzösischen.

11. Jh.: Der Bau des Straßburger Münsters wird begonnen, das erst rund 400 Jahre später vollendet und zum unübersehbaren Wahrzeichen der Stadt wird.

1262: Straßburg emanzipiert sich von der Herrschaft der Bischöfe und wird Freie Reichsstadt unter dem Schutz des Kaisers. Die Stadt verfügt über eine eigene Verfassung und ein eigenes Wappen.

14. Jh.: Ein großer kultureller und wirtschaftlicher Aufschwung ist zu verzeichnen: Straßburg entwickelt sich mit Meister Eckhart und Johannes Tauler zu einem Mittelpunkt der christlichen Mystik.

Im Jahr 1336 wird der Händlermarkt gegründet und 1388 eine Rheinbrücke erbaut. Zugleich ist die Epoche geprägt von verheerenden Pestepidemien und Judenpogromen, wie jenem im Jahre 1362, als vor allem Angehörige der Metzgerzunft 2000 Juden ermorden.

15. Jh.: Der nördliche Turm des Straßburger Münsters wird vollendet (1439). Die Kathedrale, einer der mächtigsten Bauten des Mittelalters in Europa, ist über mehr als zwei Jahrhunderte das höchste Gebäude der Welt. Die große kulturelle Bedeutung der Stadt drückt sich auch durch die früh aufblühende Buchdruckerkunst Johannes Gutenbergs aus, der u. a. in Straßburg wirkt. Dank der weltoffenen Atmosphäre entfalten sich zunehmend Kunst und Wissenschaft.

16. Jh.: Straßburg entwickelt sich zu einer Hochburg des Humanismus und der Reformation. Durch das Bekenntnis zur Reformation (1530) wird die elsässische Metropole lutherisch. Als Mitglied des Schmalkaldischen Bundes (1531) verteidigt man die evangelischen Reichsstände gegen Kaiser Karl V. Ende des 16. und Anfang des 17. Jahrhunderts entstehen die meisten der schönen Fachwerkhäuser im Fischer- und Gerberviertel, das heute als „La Petite France“ zu den beliebtesten Sehenswürdigkeiten der Stadt zählt. Auch das berühmte Haus Kammerzell nahe der Kathedrale geht auf das 16. Jahrhundert zurück.

1621: Aus dem 1538 gegründeten protestantischen Gymnasium, das später in eine Akademie verwandelt wird, geht die Universität hervor. Während des Dreißigjährigen Kriegs werden Stadt und Region schwer in Mitleidenschaft gezogen.

1681: Truppen des Sonnenkönigs Ludwig XIV. erobern Straßburg. Die Stadt wird französisch und ein Jahr danach Hauptstadt der Provinz Elsass. Mit der Errichtung des Vauban-Wehrs (Barrage Vauban) verstärkt man die mittelalterlichen Befestigungsanlagen.

18. Jh.: Durch eine kosmopolitische Atmosphäre und die bedeutende Universität werden viele berühmte Geister wie Goethe, Herder, Lenz und Metternich angezogen: Die Stadt wird zu einem Zentrum der Sturm-und-Drang-Zeit. Die deutsche Sprache und die protestantische Religion sind zunächst noch dominant. Viele bedeutende Gebäude wie das klassizistische Schloss Rohan, das Rathaus und zahlreiche barocke Bürgerhäuser entstehen. Mehr und mehr gewinnen auch die französische Kultur und Sprache an Bedeutung. Möbel und Porzellan aus der bekannten Hannong-Manufaktur werden erfolgreich ins Umland exportiert.

1790–1792: Im Zuge der Französischen Revolution (1789) wird Straßburg Hauptstadt des neu geschaffenen Départements Bas-Rhin. Im Zuge der Kämpfe der revolutionären Rheinarmee gegen Österreich entsteht 1792 in Straßburg die spätere französische Nationalhymne, die „Marseillaise", unter ihrer ursprünglichen Bezeichnung „Kriegslied für die Rheinarmee". Seinen späteren Namen verdankt das Lied der Tatsache, dass Soldaten aus Marseille es auf ihrem Marsch zu den nordfranzösischen Schlachtfeldern gesungen haben. Während der Revolution kommt es zu Zerstörungen am Münster und anderen Kirchen.

19. Jh.: Im 19. Jh. bleibt Straßburg geprägt durch den Status einer Garnisonsstadt und das Zentrum einer Agrarregion.

1871–1918: In dieser Phase ist Straßburg Teil des Deutschen Reichs und Hauptstadt des „Reichslandes Elsass-Lothringen". Straßburg wird in dieser Zeit zu einer der mächtigsten Festungen des Deutschen Reichs ausgebaut. Einerseits lehnt die elsässische Bevölkerung in der Mehrheit die Eingliederung ins Deutsche Reich ab, andererseits erfährt die ganze Region gegen Ende des 19. Jh. eine positive wirtschaftliche Entwicklung, was zu einer gewissen Versöhnung mit der deut-

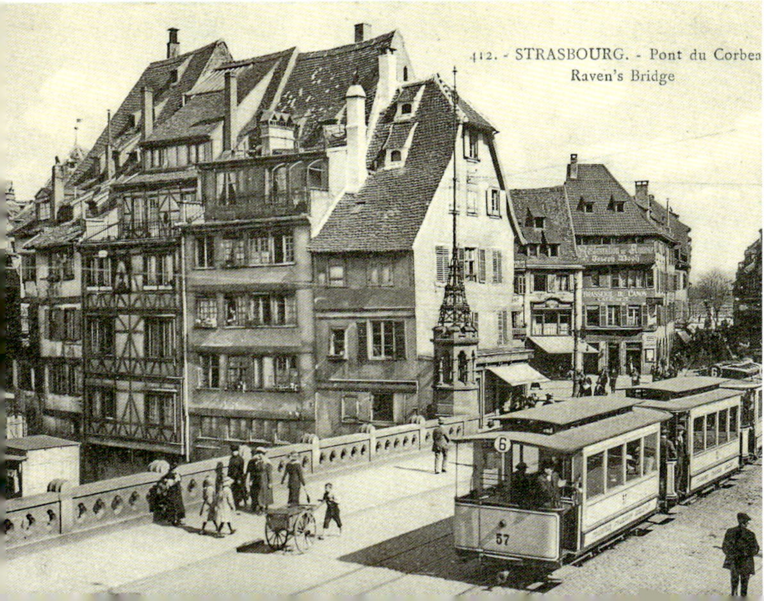

052sb

schen Besetzung führt. Ganze Straßenzüge und Stadtviertel werden neu gestaltet – das sogenannte Wilhelminische oder Deutsche Viertel entsteht, der neue Straßburger Bahnhof wird errichtet, viele Armenviertel werden saniert.

1919: Nach dem Ersten Weltkrieg werden Straßburg und das Elsass wieder französisch. Vor allem durch den Ausbau des Rheinhafens erlebt die Stadt einen wirtschaftlichen Aufschwung.

1940–1944: Besetzung des Elsass durch die Nationalsozialisten

1949: Straßburg wird Sitz des Europarats und 1958 neben Brüssel Tagungsort des Europäischen Parlaments. Auch durch die herausgehobene Rolle beim Entstehungsprozess der Europäischen Gemeinschaft bzw. Union versteht man sich als Vermittler in einem vereinten Europa.

1992: Der deutsch-französische Kulturkanal ARTE mit Hauptsitz in Straßburg geht auf Sendung.

1998: Das Musée d'Art Moderne et Contemporain wird eröffnet. Die Altstadtinsel mit dem Münsterviertel, den vielen Fachwerkbauten und den malerischen historischen Gassen wird komplett zum UNESCO-Weltkulturerbe erklärt.

2007: Mit der Eröffnung des Tomi-Ungerer-Museums setzt die Stadt einem ihrer berühmtesten Künstler schon zu Lebzeiten ein Denkmal.

2013: In der Fakultät für islamische Theologie in Straßburg werden, erstmals in Frankreich, Imame ausgebildet.

2014: Papst Franziskus spricht vor dem EU-Parlament.

2015: Straßburg feiert 1000 Jahre Münster.

2017: Verlängerung der Straßenbahnlinie D bis ins deutsche Kehl

Die Tram zu Beginn des 20. Jahrhunderts auf der Pont du Corbeau 8

Leben in der Stadt

„Man muss sich fragen, ob das Elsass nicht direkt vom Mittelalter im Rentenalter gelandet ist, das schneckenhafte elsässische Wesen." (Tomi Ungerer)

Das Attest einer gewissen Gemütlichkeit, das Straßburgs berühmter Sohn der elsässischen Region ausstellt, gilt auch für seine Geburtsstadt. Nur schwerlich wird man – bei aller internationaler Bedeutung – in der Stadt eine Stelle finden, wo die Luft vor Hektik und Betriebsamkeit flimmert.

„Ich verwalte, also bin ich" – die Beamtenmetropole

Straßburg ist nicht nur urbanes Kultur- und Industriezentrum, sondern auch eine typische Beamtenstadt. Durch ihren Status als Großstadt, als Département-Hauptstadt und Europastadt mit internationalen Institutionen wird ihr Erscheinungsbild an vielen Stellen von „Anzugträgern" und „Kostümträgerinnen" bestimmt, die durch ihre schiere Masse eine enorme Bedeutung für die Elsassmetropole haben.

Allein durch die von und nach Brüssel pendelnden Europaabgeordneten verzeichnet Straßburg jährlich um die 200.000 Übernachtungen. Aber auch für den Umsatz der gehobenen Gastronomie und den Einzelhandel spielt **das Heer der „Berufseuropäer"** mit ihren stolzen Gehältern eine große Rolle und ist ein wahrer Segen.

Eine weitere positive Folge für die Europastadt ist ein touristischer Schub. Sowohl Individualreisende verschiedener Nationen als auch immer mehr Schulklassen aus Ländern wie Deutschland, Italien und Spanien besuchen die Straßburger EU-Institutionen und lernen im Zuge dessen auch die anderen Sehenswürdigkeiten der Stadt und bisweilen sogar das Umland kennen.

Wo verwaltet wird, fließt in der Regel auch eine Menge Geld und so ist Straßburg auch Dienstleistungs-, Finanz- und Industriezentrum (Chemie, Autozulieferer, Lebensmittelproduktion). Rund 100 Kongresse und 50 Messen jährlich bezeugen eine weit überregionale Bedeutung der vermeintlichen Provinzstadt.

Straßburg ist traditionell ein Ort des Geistes und der Wissenschaft, was sich nicht zuletzt in der bedeutenden Universität und den mehr als 40.000 eingeschriebenen Studenten niederschlägt.

Auf in eine grüne Zukunft!

Mit einem Radwegenetz von nahezu 500 km und etwa 130.000 regelmäßigen Radlern versteht man sich als Frankreichs „Fahrradhauptstadt". Tausende sicherer Fahrradständer, separate Parkhausbereiche für die Drahtesel und viele Verleihstationen (s. S. 105) machen das Radfahren zu einem erfreulichen und dementsprechend viel praktizierten Vergnügen.Eine weitere grüne Erfolgsgeschichte in Straßburg ist die weiter unten beschriebene Renaissance der Straßenbahn bzw. Tram. Durch das **Tramnetz-Konzept** sind nunmehr auch die entlegeneren Stadtviertel am Rhein sehr gut an die Innenstadt angebunden.

Eine junge, bunte Stadt

Die Stadtgemeinschaft Straßburg besteht aus der Kernstadt und 28 umliegenden Gemeinden, fast 450.000 Menschen leben hier auf 316 km² großem Raum. Der mit 12,9 % auffallend **hohe Anteil von Einwanderern** besteht zu 25 % aus Menschen des Maghreb (Nordafrika), 13 % Türken, 10 % Deutschen und vielen anderen Nationalitäten.

Dass Straßburg eine sehr alte Stadt ist, deren Wurzeln bis weit in die Römerzeit zurückreichen, könnte man angesichts der **Altersstruktur** ihrer Bevölkerung leicht vergessen. Diese hat nämlich ihre Besonderheit: 24 % der Einwohner sind unter 20 Jahre alt, sogar 60 % unter 40 Jahre, womit die Region Straßburg die Heimat sehr vieler junger Menschen ist. Daraus ergibt sich einerseits die weltoffene und dynamische Atmosphäre einer typischen Universitätsstadt, andererseits sind es zu einem großen Teil die jungen Menschen aus den ehemaligen französischen Kolonien in Nordafrika, die auf der Schattenseite Straßburgs leben. Arbeitslosigkeit, Armut und Kriminalität prägen gettoartige Vororte wie Elsau, Hautepierre und Neuhof.

Unter den europäischen Nachbarn bzw. Einwanderern spielen die Deutschen eine herausgehobene Rolle. Straßburg versteht sich gern als **Symbol der Aussöhnung zwischen Frankreich und Deutschland.** Die Freundschaft beider Nationen, nach einer langen, komplexen Geschichte politischer Konflikte und militärischer Auseinandersetzungen, ist heute ein charakteristischer Teil der Identität der Stadt und des Elsass. Überdies ist Deutschland der wichtigste Handelspartner des Départements Bas-Rhin, woher rund 25.000 Bewohner zur Arbeit nach Deutschland pendeln. Umgekehrt fahren täglich auch viele Deutsche zu ihren Arbeitsplätzen ins Elsass.

Ein Verkehrsmittel als Wahrzeichen – die Straßburger Straßenbahn

Straßburg ist nicht nur die Stadt mit der Kathedrale, den europäischen Institutionen und Jean Arp (siehe dazu auch den Exkurs „Hans Arp – Jean Arp: Ein Künstlerleben“, S. 48), es ist auch die Stadt mit der gläsernen Tram. Besuchern, die zum ersten Mal in Straßburg sind, dürfte die elegante, **futuristisch anmutende Straßenbahn** mit ihren modernen Haltestellen und dem vielfach begrünten Gleisbett rasch auffallen. Sie hat sich mittlerweile zu einem regelrechten Wahrzeichen der Elsassmetropole entwickelt und ist aus dem Verkehrskonzept der Stadtentwickler nicht mehr wegzudenken. In den 1990er-Jahren wurde die Wiedereinführung der Straßenbahn parallel zur Umgestaltung vieler Stadtareale und zur Verkehrsberuhigung des historischen Zentrums realisiert. Dabei handelte es sich um eine wahre Renaissance, eine Wiedergeburt, denn bereits zwischen 1894 und 1960, fuhr eine Straßenbahn durch Straßburg. Vorher hatte eine Pferdebahn zur bequemen Überwindung längerer Wegstrecken durch die Stadt zur Verfügung gestanden.

Die **Elektrifizierung der Bahn** wurde, man gehörte damals zum deutschen Kaiserreich, von der AEG übernommen und es entstand eine erste Ringstrecke im Stadtzentrum, die bis zum Ausbruch des Ersten Weltkriegs weiter ausgebaut wurde. Zwischen den beiden Weltkriegen erreichte das Straßenbahnnetz seine einstweilen größte Ausdehnung und maß ins Umland hinein eine Länge von über 82 km. In den historischen Wagen fanden 18 Personen eine Sitzgelegenheit. Der Fahrer war auf seiner Plattform Wind und Regen ausgesetzt, ehe ihm später eine Verglasung Schutz bot. Nach rund vier Jahrzehnten Straßenbahnkultur in Straßburg erwuchs den beliebten Trams seit den 1930er-Jahren eine stärker werdende Konkurrenz, die keine Gleise benötigte: Mit der Einführung von Buslinien, deren wachsendem Streckennetz, und dem zunehmenden Pkw-Verkehr setzte allmählich der Niedergang der Stadtbahn ein. Die Fahrgastzahlen gingen stetig zurück. Während des Zweiten Weltkriegs herrschte hier, wie auch in anderen Städten, immer wieder Treibstoffmangel, sodass es nicht zur geplanten kompletten Ablösung der Straßenbahn durch Busse kam. Als aber in der Mitte des 20. Jahrhunderts der Siegeszug des Individualverkehrs per Pkw nicht mehr aufzuhalten war, hatten die Straßenbahnen bis auf Weiteres ausgedient. Neben der allgemeinen Auto-Euphorie fehlte es an finanziellen Mitteln und dem notwendigen Willen, die in die Jahre gekommene Wagenflotte instand zu halten bzw. zu modernisieren. Im Jahre **1960 wurden die letzten Straßenbahnstrecken stillgelegt.**

Aber schon im nächsten Jahrzehnt entschloss man sich zur Einrichtung eines neuen öffentlichen Nahverkehrssystems, das die Busbetriebe unterstützen bzw. entlasten sollte. Nach jahrelangen Diskussionen und kommunalpolitischen Auseinandersetzungen entschied man sich schließlich gegen eine Metro und für den Bau einer Straßenbahn. **1994 nahm dann mit der Linie A die erste**

Tramstrecke ihren Betrieb auf und im Laufe der nächsten Jahre folgten die Linien B, C, D und E. Dafür scheute man weder Mühen noch schier astronomische Kosten: Fast eine halbe Milliarde Euro wurde allein bis zum Jahr 2000 in das Prestigeprojekt gesteckt und Hunderte weiterer Millionen folgten bis heute.

Die Renaissance der Straßenbahn in Straßburg bedeutete aber von Anfang an auch ein stadtplanerisches Gesamtkonzept, das hier auf den Weg gebracht wurde, um die Stadt schöner und lebenswerter zu machen. Parallel zum Angebot einer Straßenbahn an die Bewohner und Pendler gelang die weitgehende **Verbannung des Pkw-Verkehrs** aus vielen Arealen der Innenstadt. Wo früher Großparkplätze das Stadtbild verschandelten, haben inzwischen Fußgängerzonen Einzug gehalten. Man nutzt das Parkleitsystem oder fährt unmittelbar mit der Straßenbahn aus den Außenbezirken ins Zentrum. Aus mehrspurigen Fahrbahnen wurden Straßenbahntrassen mit Fuß- bzw. Radwegen, eine wichtige Facette in Straßburgs wachsendem Selbstverständnis als umweltbewusster Metropole. Für die Gestaltung von Haltestellen gewann man **berühmte Künstler und Architekten** wie die legendäre Zaha Hadid, die die Haltestelle „Hoenheim Gare" entworfen hat.

Neben den Streckenanlagen und den Haltestellen sind auch die Bahnen selbst bemerkenswert. Zur Eröffnung entwickelte man einen Wagentyp, der durch sein **modernes Design**, die runden Formen und jede Menge Glas auffällt. Sowohl die Front als auch die Seiten der Wagen scheinen nur aus Scheiben zu bestehen, ein spannender optischer Effekt, und tatsächlich gleicht die „Reise" mit der Straßburger Tram einer Panoramafahrt. 33 Meter lang und 210 Fahrgästen Platz bietend, hat die sogenannte „Eurotram" nur noch wenig mit den rumpelnden Kisten vergangener Jahrzehnte gemein. Unter der Bezeichnung „Jumbotram" bewegen sich noch mächtigere Giganten durch die Stadt: Wagen mit einer Länge von 43 Metern und Raum für 270 Fahrgäste. Aber diese Dimensionen sind auch nötig, da die Straßburger ihre Bahn leidenschaftlich nutzen: 92 % der Bewohner sind mit der neuen Straßenbahn zufrieden, mehr als 300.000 Fahrgäste nutzen sie jeden Tag. Mit ihrem futuristischen Design ist die Tram zu einem zweiten Wahrzeichen neben dem Münster avanciert. Auf ca. 60 km Schienenstrecke gleitet sie dahin und passiert dabei mehr als 60 Haltestellen. Damit handelt es sich um das am besten ausgebaute Straßenbahnnetz in ganz Frankreich.

Es verwundert nicht, dass dieses Netz noch erweitert werden soll, schließlich ist Straßburg zugleich das Zentrum einer wirtschaftsstarken Region und eine dynamische Europastadt. Weitere Verlängerungen von Strecken und Ausbaumaßnahmen sind in Planung. Dass die **Renaissance der Straßenbahn** eine Erfolgsgeschichte ist, davon kann sich jeder Besucher Straßburgs überzeugen, wenn er die attraktiven, in kurzen Abständen fahrenden und komfortablen Trams nutzt, sei es zu einer Sightseeingtour durch die Megascheiben der Wagen oder ganz effizient, um von A nach B zu gelangen. Durch die perfekte Anbindung an den Hauptbahnhof und die Engmaschigkeit des Liniennetzes der Straßenbahn ist ein Auto in der Stadt überhaupt nicht nötig.

PRAKTISCHE REISETIPPS

057sb Abb.: tk

An- und Rückreise

Mit dem Flugzeug

Straßburgs internationaler Flughafen „Strasbourg-Entzheim“ liegt rund 15 Kilometer südwestlich vom Zentrum entfernt und ist relativ klein und übersichtlich. Trotz der internationalen Ausrichtung wickelt der Flughafen im Wesentlichen innerfranzösische Verbindungen ab, aber auch Flüge aus bzw. nach Berlin, Düsseldorf, Hamburg, München und Wien werden angeboten.

Vom Flughafen in die Stadt

Die schnellste Möglichkeit in die Innenstadt zu kommen, ist der **Pendelzug**, der die Strecke vom Flughafen bis zum Straßburger Hauptbahnhof [D5] in neun Minuten zurücklegt. Der Zug fährt in der Woche viermal pro Stunde (zwischen 5.34 Uhr und 22.30 Uhr) und am Wochenende meist zweimal die Stunde (samstags zwischen 6.32 und 22.15 Uhr, sonn- und feiertags zwischen 7.47 Uhr und 22.20 Uhr).

Mit der Kombi-Fahrkarte „Straßenbahn plus Regionalzug“ kostet die einfache Fahrt in die Stadt oder aus der Stadt zum Flughafen 4,30 €.

Wer mit dem **Taxi** in die Stadt fahren will oder muss zahlt für die 20-minütige Fahrt ins Zentrum zwischen 25 € und 40 € – je nach Tageszeit, Wochentag und Gepäckmenge (nachts und am Wochenende werden die höheren Tarife angesetzt).

◁ *Vorseite: Abend-Siesta am Ill-Ufer*

Mit dem Auto

Straßburg ist mit dem Auto normalerweise gut zu erreichen – vorausgesetzt natürlich, man steht nicht im Stau: denn mit der A5 führt eine Autobahn aus nördlicher und südlicher Richtung gen Straßburg, die zu fast jeder Zeit stark befahren ist. Wer aus nördlicher Richtung anreist, sollte deshalb vorzugsweise ab Baden-Baden den Weg über den Rheinübergang Iffezheim/Gambsheim nutzen, der mittlerweile sehr gut ausgebaut und ausgeschildert ist. Von dort führt die Strecke **über die A35 und die A4 direkt bis ins Straßburger Stadtzentrum.**

Wer in Straßburg angekommen ist, sollte sein Auto am besten auf einem der zehn ausgewiesenen **Park-and-Ride-Parkplätze** (siehe auch das Tramliniennetz S. 142) abstellen. Für 4,10 € kann man dort einen Tag lang parken, inklusive Tram-Tickets (Hin- und Rückfahrt). Jeder weitere Tag kostet 10 €. Park-and-Ride-Plätze erkennt man an den blauen Hinweisschildern „P+R“.

Wer Straßburg nicht nur für einen Tagesausflug besucht, sondern auch in der Stadt übernachtet, sollte sich vor der Anreise beim jeweiligen **Hotel** über Parkmöglichkeiten erkundigen (siehe auch S. 111): Einige Hotels verfügen über Sonderkonditionen für Parkhäuser, sodass es mitunter günstiger sein kann, den Stellplatz direkt über das Hotel zu buchen.

Parkhäuser und Tiefgaragen, die nicht an das P+R-System angeschlossen sind, finden sich am Bahnhof [D5], am Place Gutenberg [F6], Place de Broglie [F5] und Place l'Homme de Fer [E6]. Die Hinweisschilder geben an, ob das Parkhaus *complet* (voll) oder *libre* (frei) ist.

In der Regel sind **Tankstellen** sonntags geschlossen. Getankt bzw. bezahlt werden kann aber häufig direkt an der Zapfsäule per Kreditkarte mit einzugebendem PIN-Code. Wer keine Kreditkarte mit PIN-Code hat, sollte, um zu tanken, den Sonntag sicherheitshalber meiden.

Die zulässigen **Höchstgeschwindigkeiten** betragen in Frankreich auf den Autobahnen 130 km/h und auf Schnellstraßen 110 km/h. Mautgebühren fallen für die Autobahnen im Elsass nicht an. Außerorts darf ansonsten die Höchstgeschwindigkeit von 90 km/h nicht überschritten werden, innerorts sind es maximal 50 km/h. Bei Nebel, das heißt bei einer Sichtweite unter 50 m, sind höchstens 50 km/h auf allen Straßen erlaubt. Für **Motorradfahrer** besteht zudem Helmpflicht, auch ist das Anschalten des Abblendlichtes am Tag vorgeschrieben.

Verkehrsinformationen gibt es von Infotrafic (www.infotrafic.com).

Mit dem Zug

Straßburg ist mit dem Zug schnell und bequem zu erreichen: Die Hochgeschwindigkeitsverbindung mit TGV und ICE verbindet Straßburg in 1:20 Stunden mit Stuttgart und in knapp 2 Stunden mit Frankfurt und Zürich. Weitere **Direktverbindungen** gibt es z. B. von Baden-Baden, Basel, Karlsruhe, Offenburg oder Wien. Vom Hauptbahnhof [D5] sind es dann nur noch wenige Gehminuten in die Innenstadt, rund 15 Minuten läuft man von hier aus zum Straßburger Münster.

Bei der Onlinebuchung der Zugtickets kann man sich auch nach aktuellen Sonderangeboten erkundigen:

› www.bahn.de, www.oebb.at, www.sbb.ch

Barrierefreies Reisen

Gerade in der Straßburger Altstadt mit ihren kopfsteingepflasterten Straßen kann es für Rollstuhlfahrer mitunter schwierig werden, sich fortzubewegen. In den Büros des Fremdenverkehrsamtes, also auch in der Touristenzentrale am Straßburger Münster, ist das kostenlose Faltblatt „Strasbourg facile“ erhältlich, das einen ausgearbeiteten Rundgang speziell für Personen mit eingeschränkter Mobilität, für Sehbehinderte mit Begleitung und für Gehörlose enthält.

Das Logo **„Tourisme et Handicap“** weist zudem auf Einrichtungen wie Hotels, Restaurants und Sehenswürdigkeiten hin, die für Körper- und Sehbehinderte und/oder für Gehörlose eingerichtet sind. Das Logo ist dabei dreigeteilt und zeigt einen stilisierten Rollstuhl, ein stilisiertes durchgestrichenes Auge und ein stilisiertes durchgestrichenes Ohr – je nachdem für welches Handicap die entsprechende Einrichtung geeignet ist.

Unterkünfte für beeinträchtigte Reisende erkennt man in Straßburg ebenfalls an einem der Logos „Tourisme et Handicap“, das ein weißes Haus auf blauem Grund zeigt. In der jährlich erscheinenden, kostenlosen Broschüre „Hotels, Restaurants“, die bei allen Fremdenverkehrsbüros (s. S. 101) erhältlich ist, werden mit diesem Logo barrierefrei eingerichtete Häuser gekennzeichnet.

Eine erstklassige Übernachtungsmöglichkeit dieser Art ist die christliche Begegnungsstätte **Ciarus** (s. S. 111). Das Ciarus wurde als eine der ersten Unterkünfte im Elsass mit dem Logo „Tourisme et Handicap“ ausgezeichnet. Neben der barrierefreien Ausstattung verfügt das Haus über vier Dreibettzimmer mit Spezialbetten für Personen mit motorischen Einschränkungen.

Die folgenden Theater und Konzertbühnen sind ebenfalls mit einem behindertengerechten Zugang ausgestattet:

- 131 [H3] **Le Maillon,** Parc des Expositions – 7, place Adrien Zeller, Tel. 0368987593, www.maillon.eu
- **Opéra National du Rhin** (s. S. 66), Tel. 0388240934, www.opera-national-du-rhin.com
- **Orchestre Philharmonique de Strasbourg** (s. S. 66), Tel. 0368986815, www.philharmonique-strasbourg.com
- **Théâtre du Jeune Public** (s. S. 66), www.tjp-strasbourg.com, Tel. 0388357010
- **Théâtre National de Strasbourg** 27, Tel. 0388248824, www.tns.fr

Diplomatische Vertretungen

- 132 [H5] **Konsulat von Deutschland,** 6, quai Mullenheim, Tel. 0033 (0)388246700
- 133 [G5] **Konsulat von Österreich,** 29, av. de la Paix, Tel. 0033 (0)388351394
- 134 [H5] **Konsulat der Schweiz,** 23, rue Herder, Tel. 0033 (0)388350070

Elektrizität

Für Frankreich sollte man sich mit einem dreipoligen Adapter ausstatten, da die deutschen und die sogenannten Schukostecker nicht immer passen.

Straßburg preiswert

- *An jedem ersten Sonntag im Monat ist der Eintritt in die Museen kostenlos.*
- *Dienstags und mittwochs gewähren viele **Klubs/Discos** freien Eintritt.*
- *Eine Besichtigung des **Europäischen Parlaments** (siehe Foto) ist grundsätzlich kostenlos. Besichtigungen und Führungen sind allerdings nur in Gruppen und nach vorheriger schriftlicher Anmeldung möglich. Einzelpersonen dürfen kostenlos an Plenarsitzungen teilnehmen (s. S. 36). Zutritt am Besuchereingang mit Reisepass oder Personalausweis; Tagungskalender: www.europarl.europa.eu.*

034sb Abb.: tk

- *Für Weinliebhaber ein Muss: Einzelpersonen haben freien Eintritt in den zauberhaften historischen **Weinkeller des Straßburger Hospizes** (s. S. 76).*
- *Wer im schönen **Botanischen Garten** 30 seine Seele baumeln lassen oder eine kleine Siesta einlegen möchte, kann dies unentgeltlich tun.*
- *Auf dem Platz vor dem Palais Rohan 2 kann man in den Sommermonaten (Juli/August) elsässischen **Folkloregruppen** kostenlos bei Tanz und Gesang zuschauen. Genauere Infos im Office de Tourisme (s. S. 101).*

Geldfragen

Straßburg ist im europäischen Vergleich eher teuer, was nicht zuletzt an der Beliebtheit der Stadt bei Touristen, aber auch an den zahlungskräftigen EU-Parlamentariern samt Anhang liegt, die einmal im Monat die Stadt zu Hunderten bevölkern.

In Frankreich gilt der Euro. Mit Kredit- oder Maestro-(EC-)Karte kann man rund um die Uhr Geld an den mit blau-rotem Symbol gekennzeichneten Bankautomaten abheben. Je nach Hausbank und Karte (EC- oder Kreditkarte) wird dafür eine Gebühr von 5 bis 10 Euro berechnet. Fast alle größeren Hotels, Restaurants, Geschäfte und Tankstellen akzeptieren gängige Kreditkarten.

EXTRATIPP

Studentenpreise

Weitere Ermäßigungen kann man an einigen Veranstaltungsorten etc. erhalten, wenn man im Besitz eines internationalen Studentenausweises (ISIC) ist. Diesen muss man allerdings schon zu Hause erworben haben. Zum Kauf (15 € bzw. 16 SFr) geht man zum AStA, in ein Reisebüro oder zum Studentenwerk und legt eine Immatrikulationsbescheinigung oder einen Schülerausweis, einen Personalausweis und ein Passbild vor.

Auch online kann man den Ausweis beantragen (www.isic.de/isic/isic_online_antrag.html).

› **Weitere Infos:** www.isic.de

Strasbourg-Pass

Der Strasbourg-Pass ist ideal für all jene Alleinreisenden, Gruppen und Familien, die viel in Straßburg unternehmen und dabei sparen wollen, denn er bietet seinem Inhaber **freien bzw. ermäßigten Eintritt zu einer Vielzahl von Freizeitattraktionen.** Der Pass ist wie eine Art Scheckheft gestaltet, aus dem die entsprechenden Angebotseiten bei Einlösung herausgetrennt werden.

Im Leistungsspektrum des Passes sind sowohl Gratisangebote enthalten als auch Ermäßigungen um den halben Eintrittspreis bei diversen Kultur- und Freizeitattraktionen. So können Passbesitzer unentgeltlich ein Museum ihrer Wahl besuchen, zur Münsterplattform emporsteigen, ein Fahrrad für einen halben Tag ausleihen und eine Bootsrundfahrt auf der Ill durch Straßburg unternehmen. Zu diesen Angeboten gesellen sich die Ermäßigungen: zum halben Preis geht es zusätzlich noch in ein zweites Museum, auf eine Rundfahrt mit der Minitram (s. S. 109), auf einen Stadtrundgang wahlweise mit Tour- oder Audioguide und ins Wissenschaftsmuseum Le Vaisseau (31). Im Planetarium (33) gibt es zusätzlich noch zwei Eintrittskarten für den Preis von einer und 30 % Rabatt auf gewisse Artikel der Boutique.

Da die zahlreichen Ermäßigungen auch bei bestem Willen nicht alle an einem Tag eingelöst werden können, ist der Strasbourg-Pass für insgesamt **drei Tage gültig.** Erwachsene zahlen für den Pass 18,90 €, für Kinder gibt es den Junior-Pass für 9,45 €.

› Verkauf und Information zum Strasbourg-Pass erhält man in den Niederlassungen des Fremdenverkehrsamts Straßburg. Hauptanlaufstelle ist das Office de Tourisme de Strasbourg et sa Région (s. S. 101).

Informationsquellen

Zu Hause

Einen guten Überblick über Sehenswürdigkeiten, Unterkünfte, Restaurants und Museen gibt die **fünfsprachige Internetseite von Straßburg Tourismus**

- www.ot-strasbourg.fr

Außerhalb Frankreichs erhält man Informationen und Broschüren bei **Atout France (Französische Zentrale für Tourismus)**

- **in Deutschland:** Postfach 100128, 60001 Frankfurt am Main, info.de@france.fr, http://de.france.fr
- **in der Schweiz:** http://ch.france.fr
- **in Österreich:** http://at.france.fr
- **Schriftliche Anfragen an:** Office de Tourisme de Strasbourg et sa Région, 17, place de la Cathédrale, 67082 Strasbourg Cedex, info@otstrasbourg.fr
- **Infos zum Umland:** Der regionale Tourismusverband Elsass gibt Auskunft über touristische Highlights und Ausflugsideen: Comité Régional du Tourisme d'Alsace, 20 A, rue Berthe Molly, 68005 Colmar cedex, France, Tel. 0033 (0)389247350, www.tourisme-alsace.com/de

Unsere Literaturtipps

- *André Weckmann/Emma Guntz (Hg.):* ***Das Elsass – Ein literarischer Reisebegleiter,*** *Insel Verlag 2001. Sowohl zur Einstimmung wie auch als Begleitung ins Elsass bzw. nach Straßburg eignet sich dieser feuilletonistische Reiseführer. Er kombiniert Texte berühmter Elsässer (u. a. Tomi Ungerer, Hans Arp, René Schickele) mit Wandervorschlägen und Info-Adressen für den Besucher der Region.*
- *Hermann Schreiber:* ***Straßburg – zwischen den Zeiten, zwischen den Völkern,*** *Casimir Katz Verlag 2006. Für historisch Interessierte fast eine Pflichtlektüre, aber auch den „normalen" Leser zieht der Sachbuchroutinier Schreiber in seinen Bann. Der versierte Erzähler schildert Geschichte und Gestalt von Straßburg auf faszinierende und einladende Weise – eine echte Stadtbiografie.*
- *Tomi Ungerer:* ***Die Gedanken sind frei. Meine Kindheit im Elsass,*** *Diogenes 1999. Mit diesem Buch öffnet sich sowohl ein sehr persönlicher Blick auf einen der bekanntesten Straßburger Künstler der Gegenwart als auch auf die schmerzliche Zeit der deutschen Besatzung des Elsass um 1940.*
- *Peter Ploog:* ***Elsässer Küche. Ein kulinarischer Streifzug von Straßburg bis Mühlhausen,*** *Komet 2004. „Bäckeoffe" und Zwiebelkuchen, Flammkuchen und Leberknödel – ob als Vorfreude auf den Restaurantbesuch oder als Kochanleitung – dieser Streifzug macht Laune auf die Elsässer Küche.*
- *Hans Arp:* ***ich bin in der natur geboren.*** *Ausgewählte Gedichte, Arche 2002. Der Straßburger Mitbegründer des Dadaismus auf der Höhe seines lyrischen Schaffens.*

In Straßburg

Die Touristeninformationsstelle ist eine der ersten Anlaufstellen, wenn es um Informationen jeglicher Art rund um Straßburg geht. Hier erfährt man alles, was man für einen Aufenthalt in der Stadt braucht. Neben zahlreichen Broschüren, Flyern und ganzen Infopaketen kann man hier auch Hotelübernachtungen buchen.

- **135** [F6] **Office de Tourisme de Strasbourg et sa Région,** 17, place de la Cathédrale, Tel. 0033 (0)388522828, info@ot-strasbourg.fr, www.ot-strasbourg.fr, tgl. 9–19 Uhr
- **136** [F6] **La Boutique Culture,** 10 place de la Cathédrale, Tel. 0033 (0)388238465, Di–Sa 12–19 Uhr. In der „Kultur-Boutique" am Münsterplatz liegt jeden zweiten Montag im Monat ein kostenloser 14-tägiger Veranstaltungskalender aus. Für alle, die sich außerhalb der Öffnungszeiten informieren wollen, hängt der Kalender im Fenster aus. Die Boutique Culture dient auch als Ticketverkaufsstelle.

Ticketvorverkauf

- **137** [E6] **FNAC Strasbourg,** Centre Commercial La Maison Rouge, 22, place Kléber, Tel. 0033 (0)388235621, strasbourg@fnac.tm.fr
- **Tickethotline** Tel. 0033 (0)800911811711
- La Boutique Culture (s. o.)

Straßburg im Internet

Wer sich gern online über Straßburg informieren möchte, findet im Internet ein riesiges Angebot an guten Websites. Empfehlenswert für den digitalen Einstieg ist zweifelsohne die mehrsprachige Seite von Straßburg Tourismus (s. u.), die eine Vielfalt an aktuellen Informationen und Tipps bietet.

Wer des Französischen nicht mächtig ist, wird allerdings mit so mancher Website seine Schwierigkeiten haben: Viele Internetauftritte französischer Anbieter sind – trotz eines internationalen Publikums – einsprachig in Französisch gehalten.

- **www.europa.eu:** Das Portal der Europäischen Union informiert u. a. über die Institutionen und Einrichtungen in Straßburg.
- **www.musees.strasbourg.eu:** Auf der mehrsprachigen Website der Straßburger Museen findet sich alles Wissenwerte über Wechsel- und Sonderausstellungen, Kinderprogramme, Öffnungszeiten und aktuelle Veröffentlichungen.
- **www.ot-strasbourg.fr:** Offizielle Homepage von Straßburg Tourismus mit aktuellen Hinweisen und vielen Infos über Sehenswürdigkeiten rund um die Stadt am Wasser.
- **www.reservix.de/tickets-in-strasbourg:** deutschsprachige Website mit Ticketvorverkauf online oder per Hotline
- **www.strasbourg.eu:** Die mehrsprachige Homepage der Stadt Straßburg bietet für Touristen allerlei nützliche Hinweise. Neben Links zu Sehenswürdigkeiten und einem Veranstaltungskalender gibt es auch Interessantes und Wissenswertes zur Stadtgeschichte.

Publikationen und Medien

- **Dernières Nouvelles d'Alsace:** Größte elsässische Zeitung, die hauptsächlich aus Straßburg berichtet, aber auch über Aktuelles aus Frankreich und aller Welt informiert. Unter der Rubrik „Aujourd'hui" finden sich Veranstaltungstipps sowie Notrufnummern von Ärzten und Apotheken. Die „DNA" erscheint auch sonntags und in einer deutsch-französischen Ausgabe (www.dna.fr).

› **L'Alsace:** Zweitgrößte elsässische Zeitung, die ebenfalls in einer deutsch-französischen Ausgabe herausgegeben wird (www.lalsace.fr).

Internet und Internetcafés

Die Versorgung mit **WLAN-Hotspots** hat sich in Straßburg deutlich verbessert. Die meisten Hotels, Hostels und Jugendherbergen bieten inzwischen Internetanschlüsse für ihre Gäste an, die sich entweder direkt an der Rezeption oder in einem gesonderten Raum befinden. Manche Hotels bieten auch WLAN auf den einzelnen Zimmern an.

In vielen Restaurants und Cafés kann man sich kostenlos ins WLAN einwählen, sodass niemand die ganze Reisezeit auf eine eigene mobile Datenverbindung angewiesen ist.

Medizinische Versorgung

Die gesetzlichen Krankenkassen Deutschlands, Österreichs und der Schweiz garantieren eine Behandlung in Frankreich auch im akuten Krankheitsfall. Dazu benötigt man die **Europäische Krankenversicherungskarte** (*European Health Insurance Card,* kurz *EHIC*), die man von seiner Krankenkasse bekommt. Ein Merkblatt für Auslandsaufenthalte ist ebenfalls dort erhältlich.

Zur **Erstattung der Kosten** benötigt man grundsätzlich eine Quittung oder Rechnung (mit Datum, Namen, Bericht über Art und Umfang der Behandlung, Kosten der Behandlung und Medikamente = *feuille des soins).* Meist kommen die Kassen nur für Kosten in der Höhe auf, die man für die gleiche Leistung zu Hause zahlen würde. Zusätzlich ist der Abschluss einer privaten **Auslandskrankenversicherung** zu empfehlen. Diese sollte außerdem eine zuverlässige Reiserückholversicherung enthalten, denn der Krankenrücktransport wird von den gesetzlichen Krankenkassen nicht übernommen. Bei der Wahl der Auslandskrankenversicherung sollte man typische Leistungsunterschiede in den Bereichen Rücktransport, Selbstbeteiligung, Nachleistungsfrist, Altersgrenze und bei chronischen Krankheiten prüfen.

Apotheken *(pharmacies)* erkennt man an einem weißen Schild mit einem grünen Kreuz darin. Ein Aushang gibt Auskunft darüber, welche Apotheke Wochenend- oder Nachtdienst hat. Bei Arzneimitteln gibt es drei Kategorien: mit blauem Etikett (40 % des Preises werden erstattet), mit weißem Etikett (70 % Erstattung) und Arzneien, deren Kosten ganz erstattet werden. Auf den Verpackungen befindet sich eine Marke *(vignette),* die auf den Behandlungsschein aufgeklebt werden muss. Viele Medikamente erhält man in Frankreich günstiger als in Deutschland.

Informationen zu den **Bereitschaftsdiensten** der Apotheken und Notdienste der Ärzte erhält man auch in der Tagespresse. In der „Dernières Nouvelles d'Alsace", der größten elsässischen Tageszeitung, finden sich in der Rubrik „Aujourd'hui" die aktuellen Notrufnummern.

Ein Kinderparadies: das Mitmachmuseum Le Vaisseau 31

Mit Kindern unterwegs

In Straßburg wird der Citytrip auch für Kinder zu einem Erlebnis. Die Jüngsten sind in der Stadt gern gesehene Gäste, was man schon an den vielen Läden erkennt, die Kinderbekleidung oder Spielzeug anbieten (s. S. 73).

Auch in den Hotels hat man sich auf die „Miniatur-Besucher" eingestellt und lässt die Kleinsten meist umsonst übernachten oder stellt gegen einen geringen Aufpreis ein Kinderbett ins Zimmer. Einige Hotels bieten sogar einen Babysitterservice an.

In den Restaurants werden Quengeln und Kindergeschrei von den anderen Gästen meist gutmütig toleriert. Die Straßburger sind kinderlieb und insbesondere in den traditionellen *Winstubs* ist der Geräuschpegel in der Regel ohnehin hoch.

Für Kinder gibt es den Strasbourg-Pass Junior für 7,45 € (s. S. 99) mit vielen Ermäßigungen zu den Attraktionen der Stadt.

31 **Le Vaisseau.** Dieses Mitmachmuseum ist einzigartig und bringt dem Nachwuchs die Welt der Wissenschaft auf spannende und vor allem auch auf interaktive Weise näher. Die Kinder kriechen durch einen Ameisenhügel, bauen auf der Baustelle ein Haus, sitzen auf einem fliegenden Teppich oder sprechen die Nachrichten. Und das alles gibt es auf Französisch, Englisch und Deutsch.

33 **Planetarium.** Im Planetarium widmet man sich mit faszinierenden Multimediashows und Filmvorführungen den Geheimnissen des Sternenhimmels.

25 **Parc de l'Orangerie.** Der wohl schönste Park der Stadt bietet auch für Kinder reichlich Attraktionen: einen künstlichen Teich mit Bootsverleih, mehrere kleine Tiergehege sowie eine Aufzuchtstation für Störche. Im Mini Ferme du Zoo, einem Miniaturbauernhof warten Kühe, Ziegen und Esel auf Streicheleinheiten.

32 **Zoologisches Museum.** Auch wenn das Museum etwas angestaubt wirkt und die ausgestopften Tiere in die Jahre gekommen sind, üben sie trotz allem nach wie vor eine große Anziehungskraft auf Kinder aus.

› **Minitram** (s. S. 109). Die Stadt zu Fuß zu erkunden kann für Kinder ziemlich ermüdend sein. Spannender ist eine Fahrt mit der Minitram.

040sb Abb.: Le Vaisseau©jean-luc-stadler

EXTRATIPP

Veranstaltungstipps für Kids
Die Zeitschrift „Bibouille" richtet sich speziell an Familien und steckt voller Termine, Veranstaltungen und Infos für Kinder und Jugendliche. „Bibouille" erscheint alle zwei Monate und ist kostenlos im Office de Tourisme (s. S. 101) erhältlich. Viele Infos stehen auch im Netz: www.bibouille.net.

Notfälle

- **Feuerwehr (Pompiers):** Tel. 18
- **Notarzt (Service d'Aide Médicale d'Urgence, SAMU):** Tel. 15
- **Pannenhilfe** (kostenlos und deutschsprachig): Tel. 0800089222
- **Polizei (Police secoir):** Tel. 17
- 138 [D5] **Fundbüro,** 20, pl. de la Gare, Tel. 0388214377
- 139 [F8] **Polizei Hauptstelle (Commisariat Central),** 34, rue de l'Hôpital, Tel. 0388231717

Kartensperrung

Bei **Verlust der Debit-(EC-), Kredit- oder SIM-Karte** gibt es für Kartensperrungen eine **deutsche Zentralnummer** (unbedingt vor der Reise klären, ob die eigene Bank bzw. der jeweilige Mobilfunkanbieter diesem Notrufsystem angeschlossen ist). **Aber Achtung:** Mit der telefonischen Sperrung sind die Bezahlkarten zwar für die Bezahlung/Geldabhebung mit der PIN gesperrt, nicht jedoch für das **Lastschriftverfahren mit Unterschrift.** Man sollte daher auf jeden Fall den Verlust zusätzlich **bei der Polizei zur Anzeige bringen,** um gegebenenfalls auftretende Ansprüche zurückweisen zu können.

In **Österreich** und der **Schweiz** gibt es keine zentrale Sperrnummer, daher sollten sich Besitzer von in diesen Ländern ausgestellten Debit-(EC-) oder Kreditkarten vor der Abreise bei ihrem Kreditinstitut über den zuständigen Sperrnotruf informieren.

Generell sollte man sich immer die **wichtigsten Daten** wie die Kartennummer und das Ausstellungsdatum **separat notieren,** da diese unter Umständen abgefragt werden.

- **Deutscher Sperrnotruf:** Tel. +49 116116 oder Tel. +49 3040504050
- **Weitere Infos:** www.kartensicherheit.de, www.sperr-notruf.de

Öffnungszeiten

- **Banken:** meist Mo–Fr 9–12 und 14–17 Uhr
- **Geschäfte:** in der Regel Di–Sa von 9.30–12.30 Uhr und 14–19 Uhr, montags lassen viele Einzelhändler ihre Geschäfte geschlossen oder öffnen nur am Nachmittag für ein paar Stunden. Souvenirläden jedoch haben meist die ganze Woche von frühmorgens bis spätabends geöffnet.
- **Kaufhäuser:** geöffnet meist Mo–Fr 9–19/20 Uhr, Sa 9–19 Uhr
- **Museen:** Die meisten Museen schließen dienstags ihre Türen, Ausnahme: Das Musée d'Art Moderne und das Musée d'Œuvre Notre Dame haben montags geschlossen.
- **Restaurants:** Warmes Essen wird in der Regel mittags zwischen 12 und 14.30 Uhr und am Abend zwischen 18.30 und 22 Uhr serviert. Montag und Sonntag sind zumeist Ruhetage. In den Sommerferien (Juli/August) fahren auch die Restaurantbesitzer in den Urlaub und schließen ihre Lokale.

Post

Briefmarken *(timbres)* sind in Postämtern und Tabakläden erhältlich.

Die größeren Postfilialen haben in der Woche durchgehend geöffnet, während die kleineren Ämter in der Mittagszeit von 12 bis 13.30 Uhr meist schließen. Am Samstag gehen fast alle Postmitarbeiter um 12 Uhr ins Wochenende.

✉**140** [G5] **Hauptpost,** 5, avenue de la Marseillaise, Mo–Fr 8.30–18.30 Uhr, Sa 8.30–13 Uhr

Radfahren

Über 450 Kilometer Radweg machen Straßburg für Radfahrer zu einer attraktiven Stadt. Bereits seit 1993 gibt es mit „Vélocation" einen gut funktionierenden und dazu noch preisgünstigen Fahrradverleih. In den letzten Jahren wurde das Angebot rund ums Rad noch um ein Fahrrad-Citytaxi und einen Pannenservice erweitert. Die Rahmenbedingungen könnten also besser nicht sein. Hinzu kommt: Viele Straßen der Fußgängerzone dürfen auch Radfahrer benutzen und in der Stadt sind einige Kreuzungen sogar mit Extra-Ampeln für Radler ausgestattet. Wer einige Strecken trotzdem lieber mit der Tram zurücklegen will, kann außerhalb des Berufsverkehrs sein Rad darin mitnehmen.

Fahrradverleihstationen

Das Fahrrad-Verleih-System Vélhop vom Stadtverband Straßburg bietet Räder an 11 automatischen Ausleihstationen und 5 Velhop-Läden an.

Es gibt zwei Möglichkeiten, ein Fahrrad zu leihen. An den **automati-**

Infos für LGBT+

Straßburg ist nicht gerade eine Metropole für Schwule und Lesben und bietet deshalb auch keine große Szene. Ein paar vereinzelte Angebote gibt es trotzdem:

- **www.gayvox.fr:** Die französischsprachige Website informiert über schwul/lesbische Events und regionale Treffpunkte. Hier geht es nicht nur um die Szene Straßburgs, sondern um die ganz Frankreichs. Neben Kontaktadressen, Eventkalender und Linklisten findet man auch Tipps zu angesagten Klubs, Kinos, Theateraufführungen ...
- **La Station,** Centre LGBTI Strasbourg/Alsace, 7 rue des écrivains, Tel 09 505113 29, www.lastation-lgbti.eu, Di–Fr 16–20, Sa 13.30–21 Uhr. Der Verein LGBTI unterhält in Bahnhofsnähe ein Begegnungszentrum mit Café und Bibliothek. Man kann sich hier auch über Veranstaltungen und aktuelle Projekte informieren.

141 [F6] **Au Petit Tonnelier,** 16, rue des Tonneliers, Tel. 0388325354, www.aupetittonnelier.com, Mo–Sa mittags und abends. Das durchgestylte Restaurant ist bei Schwulen, Lesben und Heteros gleichermaßen beliebt. Inmitten weiß getünchter Wände, braunem Mobiliar und Kronleuchtern mit elektrisch betriebenen „Kerzen" wird eine internationale Küche serviert.

142 [E6] **Le Golden Gate Bar,** 63, rue du Fossé des Tanneurs, Tel. 0388757298, Mo, So 11.30–19, Di–Sa 9–1.30 Uhr. Im Golden Gate trifft sich ein bunt gemischtes Publikum – ob homosexuell oder hetero – die Orientierung ist hier nicht so wichtig. An den Wochenenden legt schon mal ein DJ auf und im Sommer wird die Party nach draußen auf die Terrasse verlegt.

schen **Verleihstationen** ist **Selbstbedienung** rund um die Uhr möglich, gegen Kaution kann man auch auf die altmodische Art im Laden ein Fahrrad mieten.

An einer der automatischen Verleihstationen muss man zunächst unter **Tel. 0969393667** einen **Vélhop-Code** anfordern, der auch per SMS bestätigt wird. Der Code ist sieben Tage gültig und gilt für alle Leihvorgänge innerhalb dieses Zeitraums. Mit dem Code gelangt man an den Verleihstationen an einen Fahrradschlüssel, zu dem man sich das passende Rad sucht, und los gehts.

Die Bezahlung erfolgt über die **Kreditkarte**, die 150 € Kaution werden nur belastet, wenn das Fahrrad nicht zurückgegeben wird (oder beschädigt ist).

Die Leihkosten betragen 1 € pro Stunde für die ersten fünf Stunden, pauschal 5 € für 12 Stunden, 10 € für einen Tag, 20 € für zwei und 30 € für drei Tage. Will man ein Rad für länger als drei Tage mieten, geht das nur in den Läden.

In den **Vélhop-Läden** werden Fahrräder gegen 150 € Kaution bei Vorlage eines **Lichtbildausweises** für 6 € den Tag und 18 € die Woche vermietet.

Eine **Übersicht der Verleihstationen** findet sich auf der Website des Unternehmens. Hier zwei der zentrumsnahen Läden mit Verleihstation:

- •143 [D5] **Vélhop – Bahnhof Straßburg**, Grande Verrière de la gare, www.velhop.strasbourg.eu, Tel. 0960177463, Winter: Mo–Fr 8–19, Sa 9.30–12.30, 14–17.30 Uhr, Sommer: Mo–Fr 8–19 Uhr, Sa/So 9.30–19 Uhr
- •144 [F7] **Vélhop – Zentrum**, 3 rue d'Or, Tel. 0965279725, Winter: Mo–Fr 8–19, Sa 9.30–12.30, 14–17.30 Uhr, Sommer: Mo–Fr 8–19, Sa/So 9.30–19 Uhr

Sicherheit

Straßburg ist eine recht wohlhabende Stadt mit einer der geringsten Arbeitslosenquoten Frankreichs. was sich auch auf die Sicherheit auswirkt: Touristen können im Grunde sorglos die Stadt erkunden. Wie in vielen touristisch stark frequentierten Vierteln tummeln sich aber auch in Straßburg **Taschendiebe**, hier besonders rund um die Kathedrale und in La Petite France. Wer sich um seine Wertsachen sorgt, deponiert diese besser im Hotelsafe (falls vorhanden).

Wichtige Dokumente können auch vor der Reise eingescannt und zusammen mit den wichtigsten Telefonnummern an die eigene E-Mail-Adresse geschickt werden, sodass man dann im Notfall Kopien zur Vorlage bei Behörden ausdrucken kann.

Wird man Opfer eines Diebstahls, ist eine Anzeige bei einer Polizeiwache ratsam – auch um später Ansprüche gegenüber der Versicherung (zum Beispiel bei der Reisegepäckversicherung) geltend machen zu können.

Während in der Innenstadt und im Europaviertel Straßburgs bedenkenlos flaniert werden kann, sollten Touristen die eher problematischen Bezirke Elsau, Hautepierre und Neuhof in der Vorstadt besser meiden – in diesen von den Straßburgern *quartiers chauds*, heißen Vierteln, genannten Gegenden ist die Kriminalitätsrate besonders hoch.

EXTRAINFO

Umgang mit Wertsachen

Im Auto sollten möglichst keine Wertsachen liegen gelassen werden, da insbesondere Fahrzeuge mit ausländischem Kennzeichen oft aufgebrochen werden. Das gilt auch für Parkhäuser.

Sport und Erholung

Bootfahren

Im Sommer ist eine Ausfahrt mit einem Ruderboot ein schönes Erlebnis – vor allem mit Kindern. Im Straßburger **Parc de l'Orangerie** (25) ist dies möglich: An dem künstlich angelegten Teich im Park gibt es einen Bootsverleih, von dem aus man „in See" stechen kann.

Bowling

S145 [J4] **Bowling du Jardin de l'Orangerie,** boulevard de l'Orangerie, Tel. 0390416800, www.jardinorangerie.fr, Mo–Sa 10–20.30 Uhr, So 9–20.30 Uhr, je nach Uhrzeit kostet eine Bowlingpartie zwischen 3,10 € und 6,10 €. Mitten im **Parc de l'Orangerie** (25) gibt es eine ultramoderne Bowlingbahn, die spacig-blau beleuchtet wird. Wer keine Lust hat zu bowlen, der setzt sich entweder an die Bar oder vertreibt sich die Zeit mit einer Runde Billard im Nachbarraum.

Eislaufen

S146 [B4] **Iceberg,** rue Pierre Nusse, www.strasbourg.eu/patinoire-iceberg, Tel. 0390201414, Di, Do, Fr 20.30–23, Mi 14–18.30, Sa 14–18.30, 20–0, So 9–13, 15–18.30 Uhr, Eintritt 5,50 €, erm. 4,70 € (unter 16 Jahre, Studenten), Kinder unter 3 Jahren frei, Schlittschuhverleih: 2,70 €. Die Eislaufhalle besitzt mit 3300 Quadratmetern die größte Eisfläche in Frankreich. Regelmäßig werden Themenabende und Animationsshows organisiert.

› **Eisbahn vor dem Münster:** In der Adventszeit wird zwischen dem Palais Rohan (2) und dem Münster (1) eine Kunsteislaufbahn errichtet.

Rundflüge

S147 [G9] **Aeroclub D'Alsace,** Aérodrome du Polygone, Tel. 0388340098, www.aero-club-alsace.org, Preise auf Anfrage. Straßburg und das Elsass von oben: Die Flüge dauern zwischen einer halben und einer Stunde und bieten eine spektakuläre Panoramasicht.

Wandern

Rund 16.000 Kilometer Wanderwege durchqueren das Elsass und laden sowohl Anfänger als auch Fortgeschrittene zu Erkundungen in der Natur ein. In Straßburg hat zudem der im Jahr 1872 gegründete französische Wanderverein „Fédération du Club Vosgien" seinen Sitz, der bei Tourenplanungen hilfreich zur Seite steht und auch Wanderkarten anbietet.

S148 [E5] **Fédération du Club Vosgien,** 7, rue du travail, Tel. 0388 325796, www.club-vosgien.eu, Mo–Fr 9–12, nachmittags Mo, Di, Do 13–16.30, Fr 13–16.15 Uhr

Wellness

S149 [G6] **Bains Municipaux,** 10, bd. de la Victoire, Tel. 0388251758. Tomi Ungerer soll das Bains Municipaux als das schönste öffentliche Schwimmbad der Stadt, wenn nicht gar Europas bezeichnet haben. In der Tat badet und sauniert es sich inmitten der herrlichen Jugendstilarchitektur geradezu prächtig.

Sprache

In Straßburg wird nicht nur Französisch, sondern auch Elsässisch gesprochen, ein eigener, fränkisch-alemannischer Dialekt, der vielen deutschsprachigen Besuchern vertrauter klingt als manch französischem Gast (siehe dazu auch den Exkurs „Elsässisch – bedroht, aber lebendig“ auf S. 86).

Viele Straßburger **beherrschen neben Französisch und Elsässisch auch das Deutsche**, vor allem die ältere Generation und Menschen, die im Tourismusbereich arbeiten. In Hotels und Restaurants kommt man daher neben Englisch auch oft mit Deutsch gut weiter. Die Speisekarten sind in den meisten Lokalen ohnehin zweisprachig gehalten.

Auch wenn Touristen in Straßburg mit Deutsch relativ viel erreichen können, sollte man das Gespräch wenn möglich zunächst auf Französisch beginnen. Wer des Französischen nicht mächtig ist, kann sich zumindest höflich erkundigen, ob der Gesprächspartner die deutsche Sprache beherrscht.

Stadttouren

Wer Straßburg nicht auf eigene Faust entdecken möchte, dem stehen in der Stadt unterschiedliche organisierte Touren zur Verfügung. Für jeden Geschmack gibt es die passende Führung.

› **Mit dem Audioguide:** Wer gern selbstständig und in seinem eigenen Tempo die Stadt erkunden will, dabei aber nicht auf eine organisierte Führung verzichten mag, für den ist der Audioguide die richtige Wahl. Ausgerüstet mit dem handlichen Gerät und einer Karte des Besichtigungswegs führt die kommentierte Route in das Straßburger Münster und die umliegende Altstadt und bringt Interessierten Stadtgeschichte und Architektur näher. Der Audioguide ist am Office de Tourisme (s. S. 101) an der Kathedrale erhältlich, die auch Ausgangsort der Tour ist. Dauer ca 1,5 Stunden, 5,50 €, ermäßigt 2,75 €.

- **Mit dem Fahrradtaxi:** Mit dem Fahrrad durch die Gassen von La Petite France oder durchs deutsche Viertel, und das, ohne selbst zu strampeln: kein Problem mit den *vélo-calèche* von Cyclorama. In dem Tricycle sitzt der Fahrer vorne, während sich seine Gäste hinten ähnlich wie in einer Rikscha fröhlich zurücklehnen und die Aussicht genießen. Angeboten werden drei **Sightseeing-Routen** (Petite France und Neustadt je 30 €/ 30 Min., Neustadt plus Quartier Européen 60 €/60 Min. p. P.), aber auch Taxidienste (1 € pro Minute), Tel. 0616562262, www.cyclorama-strasbourg.com.
- **Mit der Minitram:** Unmittelbar neben dem Münster am Place du Château (Eingang zur Turmbesteigung) fährt die Minitram täglich zur kommentierten Stadtbesichtigung ab. Ca. 40 Minuten rollt der kleine Elektrozug selbst durch engste Gassen und an den Hauptsehenswürdigkeiten vorbei. Die Fahrten finden zwischen April und Anfang November statt, Kosten: 7 €, erm. 5,20 €. Abfahrten: 10–18 Uhr.
- **Mit dem Schiff:** Am Ufer der Ill, in direkter Nachbarschaft zum Münster, legen die ultraflachen Glasdachboote ab. Eine Schiffstour auf der Ill gleicht einer Zeitreise durch die unterschiedlichen Epochen der Stadt: Das Schiff fährt vorbei an historischen Fachwerkhäusern, den Überresten der ehemaligen Stadtmauer, alten Schleusen und reich verzierten Brücken, bis es schließlich das Europaviertel passiert. Ein besonderes Vergnügen sind das Erleben des Schleusenmechanismus vor La Petite France und die nahegelegene Drehbrücke, die sich für die Schiffe öffnet. Die kommentierten Stadtrundfahrten zu Wasser finden das ganze Jahr über statt. Abfahrten an der Anlegestelle des Palais Rohan, Fahrtdauer ca. 70 Minuten, Kosten 13 €, ermäßigt 9,90 €, Kommentar über Kopfhörer auch auf Deutsch (www.batorama.fr.).
- **Mit dem Stadtführer:** Ganz klassisch geht es mit einem offiziellen Stadtführer in der Gruppe und zu Fuß durch die sehenswerte Altstadt. Wer an Geschichte und Architektur interessiert ist, wird von der geführten Tour durchs Münster und die malerischen Gassen von „Klein-Frankreich" begeistert sein. Die organisierten Rundgänge finden von März bis Dezember jeden Samstag um 15 Uhr statt, von Mai bis Oktober und im Dezember zusätzlich auch freitags um 15 Uhr sowie im September und Oktober auch donnerstags um 15 Uhr. Themen (beispielsweise zu Architektur oder Stadtgeschichte), Kartenverkauf und Treffpunkt am Office de Tourisme (s. S. 101), Dauer ca. 1½ Std., 6,80 €, erm. 3,40 €, unter 12 Jahren frei.

036sb Abb.: fo © reises

◁ *Straßburg ist von den Flüssen Rhein und Ill geprägt*

› **Mit dem Taxi:** etwas dekadent, aber wer es mag: mit dem Taxi geht es auf Besichtigungstour, inklusive Kommentar des als Reiseführer fungierenden Fahrers. Der Vorteil: Das Taxi steht rund um die Uhr zur Verfügung (Tel. 0388361313).

Telefonieren

Für Telefonzellen benötigt man in Straßburg **Telefonkarten** *(télécarte)*, da es kaum noch Münztelefone in der Stadt gibt. Die Telefonkarten sind in Postämtern, Tabakläden, am Bahnhof und in manchen Supermärkten erhältlich. Wenn in einem Telefonhäuschen eine blaue Glocke als Aufkleber angebracht ist, kann man sich hier auch zurückrufen lassen. Die jeweilige Nummer ist innerhalb der Kabine angegeben.

In Frankreich gibt es **keine Ortsvorwahlen.** Alle französischen Telefonnummern sind zehnstellig, wobei alle Ziffern auch stets gewählt werden müssen. In Straßburg beginnt fast jede Nummer mit 0388, Ausnahmen bilden bisweilen städtische Einrichtungen wie Museen. Wer aus dem Ausland nach Straßburg telefonieren will, lässt die 0 weg und setzt dafür die Landesvorwahl ein: Also „0033 388" und dann die darauf folgenden Ziffern wählen.

Roaming im EU-Ausland

Seit Mitte 2017 gibt es in der EU keine Roaminggebühren mehr. Damit wird das Telefonieren und Surfen mit dem Handy im EU-Ausland so günstig wie zu Hause – es sei denn, man nutzt das Handy im Ausland über einen längeren Zeitraum hinweg, dann können je nach Anbieter Nutzungsobergrenzen gelten.

Telefonvorwahlen

Nach der Landesvorwahl die lokale Vorwahl ohne 0 wählen bzw. nach Frankreich jeweils die Anfangsnull der insgesamt 10-stelligen Telefonnummer weglassen:

› nach Frankreich: 0033
› nach Deutschland: 0049
› nach Österreich: 0043
› in die Schweiz: 0041
› Straßburg: 0388

Wer möchte, kann sich vor Ort in Handygeschäften oder Tabakläden eine Telefon-SIM-Karte *(Carte rechargeable)* besorgen, die von verschiedenen Telefonanbietern wie SFR, Orange oder Bouygues erhältlich ist.

Unterkunft

Straßburg gilt gemeinhin als teures Pflaster, was nicht ganz zu unrecht behauptet wird. Dennoch kann man auch in Straßburg **günstig übernachten** – vorausgesetzt, man stellt keine großen Ansprüche an die Unterkunft. Die unterschiedlichen Hotelkategorien erkennt man am französischen 4-Sterne-System: Je mehr Sterne ein Hotel aufweist, desto besser sind Ausstattung und Komfort.

Wer seinen Geldbeutel schonen will, ist mit den preiswerten Hotelketten gut beraten, die ein einfaches Doppelzimmer bereits ab 30 Euro anbieten. In Straßburg gibt es beispielsweise Häuser von Arcotel, Bonsai, Etap und Roi Soleil. Allerdings liegen diese Hotels meist außerhalb der Innenstadt oder an großen Verkehrsknotenpunkten.

In Zentrumsnähe findet man 1-Stern-Hotels kaum noch, was nicht zuletzt an den zahlungskräftigen Besuchern wie z. B. den EU-Parlamentariern samt Anhang liegt. Zur monatlichen Straßburger Sitzungswoche reist ein bunter Tross von 751 Delegierten samt Dolmetschern, Sekretären und diversen sonstigen Mitarbeitern aus Brüssel an, wodurch beinahe sämtliche Hotels von montags bis donnerstags lange im Voraus ausgebucht sind. Es empfiehlt sich daher, seine Unterkunft in Straßburg **so früh wie möglich zu buchen.** Dabei lohnt auch ein Blick auf die Websites der Hotels, da oft Sonderpreise bei Internetbuchungen angeboten werden. Über die genauen Termine der Straßburger Sitzungswoche gibt das Office de Tourisme (s. S. 101) Auskunft.

Die angegebenen Preise gelten für ein **Doppelzimmer ohne Frühstück.** Das Frühstück ist nicht im Zimmerpreis enthalten und kostet in der Regel zwischen 7 und 20 €.

Empfehlenswerte Onlineportale zum Suchen und Buchen von Hotels:
- › www.otstrasbourg.fr
- › www.strasbourg.eu
- › www.alsace-tourisme.com

EXTRATIPP

Hotelparkplätze

Wer mit dem Auto anreist und den Wagen nicht vor den Toren der Stadt kostengünstig abstellen will, sollte die zum Teil hohen Parkgebühren bei der Hotelbuchung mitberechnen. Die wenigsten Hotels besitzen hauseigene Parkplätze und berechnen deshalb zusätzliche Gebühren für Stellplätze. Allerdings verfügen einige Hotels über Sonderverträge mit Parkhausbetreibern, sodass es mitunter günstiger werden kann, wenn man den Stellplatz direkt über das Hotel bucht. Deshalb: Vor der Buchung beim Hotel über Parkmöglichkeiten erkundigen.

Unterkunftstipps

Gut und günstig

150 [E4] **Ciarus,** 7, rue Finkmatt, Tel. 0033 (0) 388152788, www.ciarus.com, Bus Nr. 10, Haltestelle „Place de Pierre", Reservierungen Mo–Fr 9–17 Uhr unter Tel. 0033 (0) 388152790 in Französisch, Deutsch und Englisch. **Ideal für Preisbewusste:** Die christliche Begegnungsstätte liegt rund 15 Gehminuten vom Zentrum entfernt und bietet 101 Zimmer mit 295 Betten. Für Familien und Reisende mit schmalem Geldbeutel ist das Ciarius eine echte Alternative: Die Zimmer sind modern ausgestattet und verfügen alle über Dusche, WC und Waschbecken. Es stehen Ein- bis Achtbettzimmer und vier Dreibettzimmer mit Spezialbetten für Personen mit motorischen Einschränkungen zur Verfügung. Im Gebäude gibt es neben einer Bar auch eine Internetstation, WLAN und eine Wäscherei mit Waschmaschine, Trockner und Bügeleisen.

151 [G6] **Hôtel aux trois roses** €€, 7, rue de Zurich, www.hotel3roses-strasbourg.com, Tel. 0033 (0) 388365695. **Abseits vom Touristenrummel:** Das traditionell französische Hotel liegt am Rand des Stadtviertels Krutenau. Die 33 Zimmer sind mit hellen Holzmöbeln ausgestattet und kommen schlicht, aber gemütlich daher. Kostenloses WLAN.

152 [G6] **Hôtel de l'Ill** €, 8, rue des Bateliers, www.hotel-ill.fr, Tel. 0033 (0) 388362001. **Preisgünstig und zentral:** Nur drei Fußminuten vom Münster entfernt liegt das Hotel de l'Ill mit seinen einfach eingerichteten Nichtraucherzimmern.

153 [D6] **Hôtel Grillon** €, 2, rue Thiergarten, Tel. 0033 (0) 388327188, www.grillon.com. **Ideal für Bahnfahrer:** Das

EXTRAINFO

Buchungsportale

Neben Buchungsportalen für **Hotels** (z. B. www.booking.com, www.hrs.de oder www.trivago.de) bzw. für **Hostels** (z. B. www.hostelworld.de oder www.hostelbookers.de) gibt es auch Anbieter, bei denen man **Privatunterkünfte** buchen kann. Portale wie www.airbnb.de, www.wimdu.de oder www.9flats.com vermitteln Wohnungen, Zimmer oder auch nur einen Schlafplatz auf einer Couch. Diese oft recht günstigen Übernachtungsmöglichkeiten sind nicht unumstritten, weil manchmal normale Wohnungen gewerblich missbraucht werden. Einige Städte greifen deshalb regulierend ein.

2-Sterne-Hotel Grillon liegt rund 5 Fußminuten vom Stadtzentrum entfernt. Die 71 Zimmer sind wahlweise nur mit Waschbecken oder mit Dusche/WC erhältlich. Wer auf größeren Komfort verzichten kann, bekommt hier ab 64 € ein DZ. Frühstück 9 € p. P, WLAN.

154 [E5] **Hôtel ibis Strasbourg Centre Halles** €, 1, rue Sebastopol, Tel. 0033 (0) 390224646, www.ibis.com. **Anonym, aber zweckmäßig:** Direkt am quai Kléber gelegen, besticht das Hotel neben dem guten Preis-Leistungs-Verhältnis durch ein außergewöhnlich schönes Restaurant. Für manchen ein Manko ist der Lärmpegel, den starker Autoverkehr und die Tram vor dem Haus erzeugen.

155 Jugendherberge 2 Rives, „Vue sur le Rhin", rue des Cavaliers, Tel. 0033 (0) 388455420, www.fuaj.org, Busse Nr. 21 und 2, Haltestelle „Jardin des 2 rives". **Praktisch für Gruppen:** Die Jugendherberge liegt im Rheinpark nahe der deutsch-französischen Grenze. Die Gebäude erstrahlen teilweise in blauen Farbtönen.

Für die ganze Familie

156 [E7] **Hôtel Du Dragon** €€, 12, rue du Dragon, Tel. 0033 (0) 388357980, www.dragon.fr. **Moderner Komfort im historischen Gewand:** Das auffallende, rote Gebäude in der gleichnamigen winzigen Straße stammt aus dem 17. Jahrhundert, die 32 Zimmer jedoch, von denen einige einen schönen Blick aufs Münster freigeben, sind modern eingerichtet. Die wichtigsten Sehenswürdigkeiten sind gut zu Fuß erreichbar. Im Sommer frühstückt es sich ganz prächtig im romantischen Garten. Hilfsbereites deutschsprachiges Personal. Kostenloses WLAN.

157 [D6] **Hôtel Pax** €€, 24–26, rue du Faubourg National, Tel. 0033 (0) 388321454, www.paxhotel.com. **Familiär und charmant:** Das in direkter Nachbarschaft zum historischen Viertel La Petite France gelegene Hotel verfügt über 90 modern eingerichtete, saubere Zimmer. Neben Bad, Dusche und WC gehört auch ein Internetanschluss zur Standardeinrichtung.

158 [E6] **Le Kléber** €, 29 place Kleber, Tel. 0033 (0) 388320953, www.hotel-kleber.com. **Gut in Preis und Leistung:** Dieses schöne Hotel befindet sich mitten in der Altstadt am Kléber-Platz (Place Kléber 9). Alle Zimmer sind unterschiedlich eingerichtet, bei durchaus moderaten Preisen.

Wohlfühlen und genießen

159 [E4] **Hôtel Villa d'Est** €€€, 12, rue Jaques Kablé, Tel. 0033 (0) 388150606, www.hotel-villa-est.com. **Nahe den EU-Institutionen:** Das Nichtraucherhotel ist ein guter Ausgangspunkt, um das Europaviertel zu erkunden. Die Zimmer sind behindertengerecht, individuell und romantisch eingerichtet. Das Haus verfügt über einen Fitnessbereich mit Sauna, kostenloses WLAN verfügbar.

Preiskategorien Unterkünfte

Preis für ein Doppelzimmer ohne Frühstück:

- € bis 70 €
- €€ 70–120 €
- €€€ ab 120 €

160 [E6] **Régent Petite France** €€€, 5, rue des Moulins, Tel. 0033 (0) 388764343, www.regent-petite-france.com. **Unterkunft vom Feinsten:** Das Fachwerkhäuschen aus dem 17. Jahrhundert bietet einen fantastischen Blick auf die Altstadt und die Ill. Die Zimmer sind individuell und nobel eingerichtet, Sauna und Fitnessraum stehen ebenfalls zur Verfügung. Die herrliche Aussicht hat allerdings ihren Preis: Das Hotel ist eines der teuersten in Straßburg.

Ruhig und persönlich

161 [F7] **Hôtel Beaucour** €€€, 5, rue des Bouchers/5, rue des Bœufs, Tel. 0033 (0) 388767200, www.hotel-beaucour.com. **Zeitreise inklusive:** Das Hotel befindet sich in einem wunderschönen u-förmigen Fachwerkensemble in der Nähe des Straßburger Münsters. Die 49 Zimmer sind individuell und mit viel Sinn für romantische Details eingerichtet, ein Großteil davon sogar mit Wellnessbadewanne. Besondere Angebote gibt es für Familien: Kinder bis 12 Jahren können umsonst im Zimmer der Eltern untergebracht werden und erhalten darüber hinaus ein Gratisfrühstück. Auf Wunsch stellt das Hotel für die Kleinsten u. a. kostenlos Kinderwagen, Babyfon, Fläschchenwärmer und Hochstuhl zur Verfügung, für die größeren Kinder kann eine Playstation gemietet werden. Kostenloses WLAN.

162 [E5] **Hôtel Couvent du Franciscain** €€, 18, rue du Faubourg de Pierre, Tel. 0033 (0) 388329393, www.hotel-franciscain.net. **Urig und rustikal:** In früheren Jahrhunderten war das heutige Zweisternehotel Couvent du Franciscain ein Pflegeheim, das erst im 20. Jahrhundert zu einem Hotel umfunktioniert wurde. Gelegen in einer urigen, kleinen Gasse im Viertel „Zum Franziskaner" *(Du Franciscain)* versprüht das gastliche Haus rustikalen Charme.

163 [I4] **Hôtel de l'Orangerie** €€, 58, allée de la Robertsau, Tel. 0033 (0) 388351069, www.hotel-orangerie-strasbourg.com. **Komfort und Ruhe:** Fünf Gehminuten vom Europäischen Parlament entfernt steht das Jugendstilhaus, in dem 25 Zimmer mit unterschiedlichem Komfort auf Gäste warten. Kostenloses WLAN.

164 [J5] **Jean Sébastien Bach** €€€, 6, boulevard Jean Sébastien Bach, Tel. 0033 (0) 390413000, www.lejsbach.net. **Für anspruchsvolle Selbstversorger:** Das 4-Sterne-Residenzhotel liegt in direkter Nachbarschaft zum herrlichen Parc de l'Orangerie und nur wenige Minuten vom Europaviertel entfernt. Das JSB ist eine gute Anlaufstelle für all diejenigen, die sich gern selbst verpflegen und dabei nicht auf Komfort verzichten möchten: Alle 89 Studios und Apartments des Hotels sind mit Kochnische, Spülmaschine und Mikrowelle ausgestattet und verfügen über eine private Terrasse. Kostenloses WLAN.

Besonders gut gelegen

165 **Château de Pourtalès** €€, 161 rue Mélanie, Tel. 033(0) 388458464, www.chateau-pourtales.eu. **Ein Schloss im Grünen:** Rund 6 km nordöstlich vom Zentrum Straßburgs im Stadtteil Robertsau liegt dieses schöne Schlosshotel, das von einem idyllischen Park umgeben ist. In dem modernisierten historischen Gebäudeensemble finden sich moderne Standard- und preiswertere Studentenzimmer mit Etagendusche. Die Webseite des Hotels informiert über die wechselnden originellen Spezialangebote und Arrangements.

166 [F7] **Hôtel Diana Dauphine** €€€, 30, rue de la 1ère Armée, Tel. 0033 (0) 388362661, www.hotel-diana-dauphine.com. **Für gehobene Ansprüche:** Wer Kontraste liebt, ist hier genau richtig: Das Dreisternehotel liegt nur wenige Fußminuten vom pittoresken Fachwerkensemble des Viertels La Petite France entfernt, bietet selbst aber 45 moderne Zimmer, die vor allem durch ihre geradlinige Gestaltung und ihre Designmöbel bestechen.

167 [E6] **Hôtel Gutenberg** €€, 31, rue des Serruriers, Tel. 0033 (0) 388321715, www.hotel-gutenberg.com. **Zentral gelegen:** Das historische Haus aus dem Jahr 1745 ist schon von außen ein Blickfang und liegt in direkter Nachbarschaft zum Gutenberg-Platz. Im Inneren sind die 42 Zimmer zum Teil modern, zum Teil im traditionell elsässischen Stil eingerichtet.

Ausgefallene Konzepte

168 [E6] **Best Western Hôtel de l'Europe** €€, 38, rue du Fossée des Tanneurs, www.hotel-europe.com, Tel. 0033 (0) 388321788. **Historie trifft Moderne:** Das Hotel befindet sich in einer ehemaligen Poststation aus dem 15. Jahrhundert, was seine Lage in unmittelbarer Nachbarschaft zum Münster erklärt. Die Zimmer in dem mittelalterlichen Fachwerkgebäude sind individuell und geschmackvoll eingerichtet. Hier sollen sich schon Goethe und Voltaire wohl gefühlt haben.

169 **Château de l'Ile** €€€, 4 quai Heydt, www.chateau-ile.com, Tel. 0033 (0) 388668500. **Alles unter einem Dach:** Dieses Schlosshotel der Gegend liegt wunderschön im Grünen am Ill-Ufer, rund 5 km von Straßburg entfernt. Das

038sb Abb.: nw

Schloss mit seiner traditionellen elsässischen Architektur stammt aus dem 19. Jahrhundert und bietet seinen Gästen höchsten Viersternekomfort. Es beherbergt eine traditionelle *Winstub* und man kann draußen auf der Terrasse an der Ill sitzen oder sich in der Wellnessoase entspannen.

Verkehrsmittel

Straßenbahn und Busse

Straßburg verfügt über einen ausgesprochen gut ausgebauten und extrem modernen öffentlichen Nahverkehr, der von der Gesellschaft CTS (Compagnie de Transport Strasbourgeois) betrieben wird. Die stromlinienförmigen Straßenbahnen und die klimatisierten, behindertengerechten Busse sind eine höchst bequeme und verlässliche Variante, sich im Stadtgebiet zu bewegen, da Takt- und Wartezeiten sehr kurz sind.

Die **sechs Straßenbahnlinien** sind durch Buchstaben gekennzeichnet: Tram A verkehrt zwischen Parc des Sports und Graffenstaden, Tram B fährt zwischen Lingolsheim Tiergaertel und Hoehnheim Gare, Tram C zwischen Gare Centrale und Neuhof Rodolphe Reuss, Tram D zwischen Poteries und Kehl Bahnhof, Tram E verbindet Campus d'Illkirch mit Robertsau Boecklin und Tram F Elsau mit Place d'Islande.

Die Tramlinien A/B, C/D und F führen durch die Innenstadt und kreuzen sich an der zentralen Haltestelle „Homme de Fer", die sich in direkter Nachbarschaft zum Place Kléber befindet.

Empfehlenswert: das Hôtel du Dragon in einem Gebäude aus dem 17. Jahrhundert (s. S. 112)

051sb Abb.: tk

Die **Busse** wurden weitgehend aus der Innenstadt verbannt, sie verkehren nun sternförmig von den Tramhaltestellen, die rund um das Zentrum liegen, in die verschiedenen Außenbezirke. Die Buslinie 10 führt im Kreisverkehr um die Innenstadt herum.

› **Ticketverkauf:** Fahrscheine sind im CTS-Büro (56, rue du Jeu des Enfants/Station: Homme de Fer) erhältlich und an den Fahrscheinautomaten der Tramhaltestellen, die sowohl Münzen als auch EC-Karten akzeptieren. In der Post, in Banken und Geschäften sowie an Kiosken und Tabakläden, die mit einem CTS-Logo gekennzeichnet sind, werden ebenfalls Tickets für Straßenbahn und Bus verkauft. Auch online unter www.cts-strasbourg.eu können Fahrkarten erworben werden.

- **Preise** (gelten gleichermaßen für Tram und Bus): Ein Einzelfahrschein *(Ticket Unité aller simple)* kostet 2 €, ein 24-Stunden-Ticket für eine Person *(24h 1 personne)* 4,30 € und ein 24-Stunden-Fahrschein für drei Personen *(24h 3 personnes)* 6,80 €. Die Tickets werden an den Tramstationen oder direkt im Bus entwertet, in den Straßenbahnen kann nicht entwertet werden.
- **Betriebszeiten:** Die Straßenbahnen fahren im 15-Minuten-Takt tgl. von 4.30 Uhr bis 0.30 Uhr (außer am 1. Mai). Die meisten Buslinien verkehren zu unterschiedlichen Taktzeiten tgl. von 5.30 Uhr bis Mitternacht.

EXTRATIPP

Touristischer Verkehrsplan

Tram und innerstädtische Buslinien werden von der Gesellschaft CTS betrieben, die unter www.cts-strasbourg.fr über Fahrpläne, Haltestellen und Tarife Auskunft gibt. Auf der Website steht auch ein sehr nützlicher **Tourismusplan (plan touristique) zum Herunterladen** zur Verfügung: Der dreisprachige Plan (Französisch, Englisch, Deutsch) enthält Tarife und Haltestellen und gibt Tipps, welche Sehenswürdigkeit oder Museum mit welcher Tram- und/oder Buslinie zu erreichen ist.

Taxi

Taxistände finden sich am Bahnhof, am Place de la République, am Place Gutenberg, am Centre Halles und am Europarat. Wer nicht zu den Taxiständen laufen oder sich ein Taxi suchen will, der ruft am besten einen der größeren Betriebe direkt an:

- **Taxi 13,** 30, avenue de la Paix, Tel. 0388361313
- **Allo Taxi,** 65, avenue du Neuhof, Tel. 0388229999
- **Mondial Taxi,** 99, route du Neuhof, Tel. 0388221111
- **Taxi One,** 72, rue de la Renaissance, Tel. 0619555390

Wetter und Reisezeit

Das Schöne vorweg: Straßburg ist zu jeder Zeit eine Reise wert. Die Stadt bietet das ganze Jahr über so viel Interessantes, dass die Wahl eines bestimmten Zeitpunkts stark von den individuellen Vorlieben abhängt.

Was das Klima betrifft, so herrscht in Straßburg eines der mildesten in ganz Mitteleuropa. Hinsichtlich Temperatur und Niederschlag ähnelt die Stadt Metropolen wie New York, Prag oder London. Die Unterschiede zwischen den mittleren Sommer- und Wintertemperaturen sind eher gering. Allerdings kommen **plötzliche Wetterumschwünge** häufiger vor, was sich nicht zuletzt an plötzlichen und schweren Gewittern festmachen lässt, die für die Rheinebene und das Elsass charakteristisch sind. Die Regenmenge ist nicht gerade niedrig und liegt in Straßburg bei durchschnittlich ca. 130 Regen- und Schneetagen. Am angenehmsten lässt es sich hier im Spätsommer und Herbst verweilen. Der Reisende kann aber in der Elsassmetropole eigentlich nichts falsch machen: Bei gutem Wetter lässt man sich rund um die Kathedrale, durch La Petite France, entlang der Ill, über Plätze und durch Straßencafés treiben – gibt es Regen, dann laden Museen, traditionelle *Winstubs,* Restaurants und Kneipen sowie eine tolle Shoppinglandschaft zum Genießen ein.

Deshalb gilt: Will man sich bei der Wahl der Reisezeit am Reisewetter orientieren, sind die warmen **Sommermonate** und der milde **Spätsommer** zu empfehlen. Die Temperatur ist in diesen Monaten sehr angenehm und beträgt durchschnittlich 23 °C. Von Mai bis September herrscht in Straßburg ein geselliges Treiben: Man schlendert durch die kleinen Gassen, sitzt entspannt an der Ill oder in einem der vielen gemütlichen Straßencafés. Allerdings kann es gerade im Juli und August recht voll in der Stadt werden, wer es lieber ruhiger und beschaulicher mag, sollte deshalb besser auf andere Monate ausweichen.

Auch in den **Herbstmonaten** Oktober und November herrschen noch milde Temperaturen: während sie im Oktober bei durchschnittlich 14 °C liegen, fallen sie im November auf durchschnittlich 8 °C. Es ist daher noch nicht zu kalt, um beispielsweise im La Corde à Linge (s. S. 59) auf dem Place Benjamin Zix Platz zu neh-

Ein futuristisches Wahrzeichen der Stadt: die Tram (s. S. 93)

030sb Abb.: tk

men und den Ausblick auf die Ill zu genießen. Wen es trotzdem ein wenig fröstelt, der greife einfach zu den bereitgelegten Decken.

In der **Winterzeit** von Dezember bis Februar liegen die Temperaturen normalerweise bei 4 °C. Auch jetzt hat Straßburg einiges zu bieten und versprüht einen ganz speziellen Charme – vor allem in der Weihnachtszeit, wenn die Innenstadt beleuchtet und mit glanzvoller Weihnachtsdekoration geschmückt ist. Der „Christkindelsmärik“ (siehe dazu auch den Exkurs „Weihnachtszeit in Straßburg“ S. 80) rund um die Kathedrale ist einer der schönsten Europas und hat mit seinen zauberhaften Ständen, mit Glühwein, Crêpes, Krapfen und viel Kunsthandwerk noch jeden Straßburgbesucher in seinen Bann gezogen

„Reisezeit-Profis“ in der Orangerie 25

Durchschnitt	Wetter in Straßburg											
Maximale Temperatur	4°	6°	10°	15°	19°	22°	25°	24°	21°	15°	8°	5°
Minimale Temperatur	–2°	–1°	2°	5°	9°	12°	14°	13°	10°	7°	2°	–1°
Regentage	9	8	9	10	12	11	10	10	8	8	9	9
	Jan	Febr	März	Apr	Mai	Juni	Juli	Aug	Sept	Okt	Nov	Dez

ANHANG

006sb Abb.: fo © Sven Hoppe

Kleine Sprachhilfe Französisch

Die folgenden Wörter und Redewendungen wurden dem Reisesprachführer „Französisch – Wort für Wort" (Kauderwelsch-Band 40) aus dem REISE KNOW-HOW Verlag entnommen.

Lautschrift

Hier sind diejenigen Lautschriftzeichen aufgeführt, deren Aussprache abweichend vom Deutschen ist bzw. sein kann.

sh	stimmhaftes „sch" wie das zweite „g" in „Garage"
s	stimmhaftes „s" wie in „Rose"
ß	stimmloses „s" wie in „Bus"
e	langes „e" wie in „Tee"
ö	unbetont wie auslautendes „e" in „Hose"
ã	nasaliertes „a" wie in „Abonnement"
ẽ	nasalierter „ä"/„ö"-Laut wie in „Mannequin"
õ	nasaliertes „o" wie in „Beton"

Häufig gebrauchte Wörter und Redewendungen

oui	(ui)	ja
non	(nõ)	nein
merci	(märßi)	danke
s'il vous plaît	(ßilwu plä)	bitte
Salut!	(ßalü)	Hallo!
Salut!	(ßalü)	Tschüss!
Bonjour!	(bõshur)	Guten Tag!
Bonsoir!	(bõßoar)	Guten Abend!
Au revoir!	(oh röwoar)	Auf Wiedersehen!
Pardon! / Excusez-moi!	(pardõ / äxküse-moa)	Entschuldigung!

Die wichtigsten Zeitangaben

hier	(jär)	gestern
aujourd'hui	(oshurdüi)	heute
demain	(dömẽ)	morgen
après-demain	(aprä dömẽ)	übermorgen
le matin	(lö matẽ)	morgens
à midi	(a midi)	mittags
l'après-midi	(laprä midi)	nachmittags
le soir	(lö ßoar)	abends
la nuit	(la nüi)	nachts
tous les jours	(tu le shur)	täglich
avant	(awã)	früher
plus tard	(plü tar)	später
maintenant	(mẽtõnã)	jetzt
tôt	(toh)	bald

Zahlen

0	(sero)	*zéro*
1	(ẽ, ün)	*un, une*
2	(dö)	*deux*
3	(troa)	*trois*
4	(katr)	*quatre*
5	(ßẽk)	*cinq*
6	(ßiß)	*six*
7	(ßät)	*sept*
8	(üit)	*huit*
9	(nöf)	*neuf*
10	(diß)	*dix*
11	(õs)	*onze*
12	(dus)	*douze*
13	(träs)	*treize*
14	(kators)	*quatorze*
15	(kẽs)	*quinze*
16	(säs)	*seize*
17	(dißät)	*dix-sept*
18	(dißüit)	*dix-huit*
19	(dißnöf)	*dix-neuf*
20	(wẽ)	*vingt*
30	(trãt)	*trente*
40	(karãt)	*quarante*
50	(ßẽkãt)	*cinquante*
60	(ßwaßãt)	*soixante*
70	(ßwaßãtdiß)	*soixante-dix*
80	(katrwẽ)	*quatre-vingt*
90	(katrwẽdiß)	*quatre-vingt-dix*
100	(ßõ)	*cent*

Die wichtigsten Fragewörter

qui?	(ki)	wer?	*comment?*	(komẽ)	wie?
quoi?	(qua)	was?	*combien?*	(kõbiẽ)	wie viel?
où?	(u)	wo?	*quand?*	(kã)	wann?
d'où?	(du)	woher?	*depuis quand?*	(döpüi kã)	seit wann?
où?	(u)	wohin?	*combien de temps?*	(kõbiẽ dö tã)	wie lange?
pourquoi?	(purqua)	warum?			

Die wichtigsten Richtungsangaben

à droite	(a droat)	rechts / nach rechts	*proche / près d'ici*	(prosch / prä dißi)	nah / in der Nähe
à gauche	(a gohsch)	links / nach links	*loin*	(loẽ)	weit
			de retour	(dö rötur)	zurück
tout droit	(tu droa)	geradeaus	*le carrefour*	(karfur)	die Kreuzung
en face	(ã faß)	gegenüber	*le feu*	(fö)	die Ampel
ici	(ißi)	hier	*au coin*	(o koẽ)	an der Ecke
là	(la)	dort	*au centre*	(o ßätr)	im Zentrum
juste ici	(shüst ißi)	gleich hier	*dehors de la ville*	(döor dö la wil)	außerhalb der Stadt
à côté	(a kote)	nebenan			

Die wichtigsten Floskeln und Redewendungen

Soyez le bienvenu! / Soyez la bienvenue!	(ßoaje lö / la biẽwönü)	Herzlich willkommen! (m/w)
Comment allez-vous?	(komãtalewu)	Wie geht es Ihnen?
Ça va?	(ßa wa)	Wie gehts?
Ça va.	(ßa wa)	Danke gut.
Bonne chance!	(bõn schãß)	Viel Erfolg!
Je ne sais pas.	(shö nö ßä pa)	Ich weiß nicht.
Bon appétit!	(bõ apeti)	Guten Appetit!
A votre santé!	(a wotr ßãte)	Zum Wohl!
L'addition, s'il vous plaît!	(ladißjõ, ßilwuplä)	Die Rechnung bitte!
Félicitations!	(felißitaßjõ)	Glückwunsch!
Dommage!	(dohmash)	Schade!
Je suis désolé!	(shö ßüi desole)	Es tut mir sehr leid!
Est-ce qu'il y a ...?	(äß kilja ...)	Gibt es ...?
Est-ce que vous-avez ...?	(äß kö wusawe ...)	Haben Sie ...?
J'ai besoin de ...	(shä bösõ dö ...)	Ich brauche ...
S'il vous plaît, donnez-moi ...	(ßilwuplä, done-moa ...)	Geben Sie mir bitte ...
Où est-ce qu'on peut acheter ...?	(u äß kõ pö aschte ...)	Wo kann man ... kaufen?
Combien coûte ...?	(kõbiẽ kut ...)	Wie viel kostet ...?
Je cherche ...	(shö schärsch ...)	Ich suche ...
Où est ...?	(u ä ...)	Wo ist ...?
Où se trouve ...?	(u ßö truw ...)	Wo befindet sich ...?

Pourriez-vous m'emmener à ...?	(purie wu mãmöne a ...)	Können Sie mich zu/nach ... bringen?
Aidez-moi, s'il vous plaît!	(äde-moa, ßilwuplä)	Helfen Sie mir bitte!
A quelle heure?	(a käl-ör)	Um wie viel Uhr?
Vous permettez?	(wu pärmäte)	Gestatten Sie?

Nichts verstanden? – Weiterlernen!

Je parle seulement un peu français.	(shö parl ßölmã ẽ pö frãßä)	Ich spreche nur wenig Französisch.
Comment?	(komã?)	Wie bitte?
Je n'ai pas / rien compris.	(shö nä pa / riẽ kõpri)	Ich habe nicht / nichts verstanden.
Est-ce que quelqu'un parle anglais?	(äß-kö kälkẽ parl ãglä?)	Spricht hier jemand Englisch?
Comment traduit-on ... en français?	(komã tradüitõ ... ã frãßä?)	Was heißt ... auf Französisch?
Comment prononce-t-on ce mot?	komã pronõßtõ (ßö moh?)	Wie spricht man dieses Wort aus?
Répétez, s'il vous plaît!	(repete, ßilwuplä)	Wiederholen Sie bitte!
Parlez plus lentement, s'il vous plaît!	(parle plü lãtmã, ßilwuplä)	Sprechen Sie bitte langsamer!
Pourriez-vous me l'écrire, s'il vous plaît?	(purie-wu mö lekrir, ßilwuplä?)	Können Sie mir das bitte aufschreiben?

Wochentage

lundi	(lẽdi)	Montag
mardi	(mardi)	Dienstag
mercredi	(märkrödi)	Mittwoch
jeudi	(shödi)	Donnerstag
vendredi	(wẽdrödi)	Freitag
samedi	(ßamdi)	Samstag
dimanche	(dimãsch)	Sonntag

Jahreszeiten

le printemps	(prẽtã)	Frühling
en printemps	(ã prẽtã)	im Frühling
l'été	(ete)	Sommer
en été	(ãn-ete)	im Sommer
l'automne	(ohton)	Herbst
l'hiver	(iwär)	Winter
la saison	(ßäsõ)	Jahreszeit

Monate

janvier	(shãwie)	Januar
février	(fewrie)	Februar
mars	(marß)	März
avril	(awril)	April
mai	(mä)	Mai
juin	(shüẽ)	Juni
juillet	(shüijä)	Juli
août	(ut)	August
septembre	(septẽbr)	September
octobre	(oktobr)	Oktober
novembre	(nowẽbr)	November
décembre	(deßẽbr)	Dezember

Register

058sb Abb.: nw

In der Rue des Juifs [F6] lohnt auch ein Blick nach oben ...

Die Autoren

Tanja Köhler ist promovierte Kommunikationswissenschaftlerin. Sie arbeitet als Redakteurin für den Deutschlandfunk in Köln. Für den WDR, ZDF/3sat und SWR hat sie aus vielen Ländern berichtet – auch aus Frankreich und dort speziell aus Straßburg. 2009 erhielt sie zusammen mit Norbert Wank den Würdigungspreis der ITB für den Reiseführer „Ruhrgebiet – Kulturhauptstadt 2010" aus dem Reise Know-How Verlag.

Norbert Wank studierte Philosophie, Germanistik und Kunstgeschichte. Straßburg und dem Elsass ist er schon seit vielen Jahren privat verbunden. Als Kunsthistoriker kann er vom Straßburger Münster nicht genug bekommen. Er lebt in Mainz, arbeitet dort als Planungsredakteur für 3sat und hat in den vergangenen Jahren mehrere Kultur- und Reisedokumentationen für den Sender realisiert.

Schreiben Sie uns

Dieses Buch ist gespickt mit Adressen, Preisen, Tipps und Daten. Unsere Autoren recherchieren unentwegt und erstellen alle zwei Jahre eine komplette Aktualisierung, aber auf die Mithilfe von Reisenden können sie nicht verzichten. Darum: Teilen Sie uns bitte mit, was sich geändert hat oder was Sie neu entdeckt haben. Gut verwertbare Informationen belohnt der Verlag mit einem Sprachführer Ihrer Wahl aus der Reihe „Kauderwelsch".

Kommentare übermitteln Sie am einfachsten, indem Sie die Web-App zum Buch aufrufen (siehe Umschlag hinten) und die Kommentarfunktion bei den einzelnen auf der Karte angezeigten Örtlichkeiten oder den Link zu generellen Kommentaren nutzen. Wenn sich Ihre Informationen auf eine konkrete Stelle im Buch beziehen, würde die Seitenangabe uns die Arbeit sehr erleichtern. Unsere Kontaktdaten entnehmen Sie bitte dem Impressum.

Impressum

Tanja Köhler, Norbert Wank

CityTrip Straßburg

5., neu bearbeitete und aktualisierte Auflage 2018

ISBN 978-3-8317-3102-2
Printed in Germany

Druck und Bindung:
Media-Print, Paderborn

Herausgeber: Klaus Werner
Layout: amundo media GmbH (Umschlag, Inhalt), Peter Rump (Umschlag)
Lektorat: amundo media GmbH
Karten: Ingenieurbüro B. Spachmüller, amundo media GmbH
Anzeigenvertrieb: KV Kommunalverlag GmbH & Co. KG, Alte Landstraße 23, 85521 Ottobrunn, Tel. 089 928096-0, info@kommunal-verlag.de
Kontakt: Osnabrücker Str. 79, 33649 Bielefeld, info@reise-know-how.de

---

Bildnachweis

Umschlagvorderseite: fotolia.com by adobe©Michael Zimberov
Umschlagklappe rechts: fotolia.com by adobe©Sven Hoppe
Soweit ihre Namen nicht vollständig am Bild vermerkt sind, stehen die Kürzel an den Abbildungen für die folgenden Fotografen, Firmen und Einrichtungen. Tanja Köhler: tk | Norbert Wank: nw | fotolia.com by adobe: fo | Musées de la Ville de Strasbourg: mv

1 cm = 100 m
0
200 m
Marché Gare
Gare de Marchandises
Cimetière Central
Cimetière Militaire Allemand
Place du Souvenir Français
Echangeur de Cronenburg-Strasbourg-Nord
Rue J.-J. Kristler
R. de la Villette
Place de l'Abattoir
Rue de Rungis
Rue du Kuttolsheim
Rue du Kochersberg
Rue du Marché-Gare
Rue de la Rocade
Chemin des Deux Ponts
Route de Brumath
Chemin Haut
Rue de Hochfelden
Rue du Zielbaum
A 4
A 35
Rue Georges Wodli
R. Claude Chappe
Rue Adèle
R. de Bouxwiller
Rue des Magasins
Rue de Sarrebourg
Tunnel Wodli-Wilson
Tunnel Wodli-Sébastopol
R. du Rempart
R. de Sarrelouis
Boulevard du Président Wilson
R. des Halles
R. de l'Ancienne Gare
R. du Fbg de Saverne
Rue du Maire Kuss
Kageneck
Rue Moll
R. du Feu
Rue Thiergarten
Rue Kuhn
Gare Centrale
Place de la Gare
Bibliothèque Municipale
St-Jean
Pont de Saverne
Rue de Pâques
Ausschnitt Altstadt s. S. 144
Parc de l'Orangerie
Hauptbahnhof
Kathedrale
L'Ill
3
4
5
C
D
134

☐ Liste der Karteneinträge Seite 138

1 cm = 100 m
0 200 m

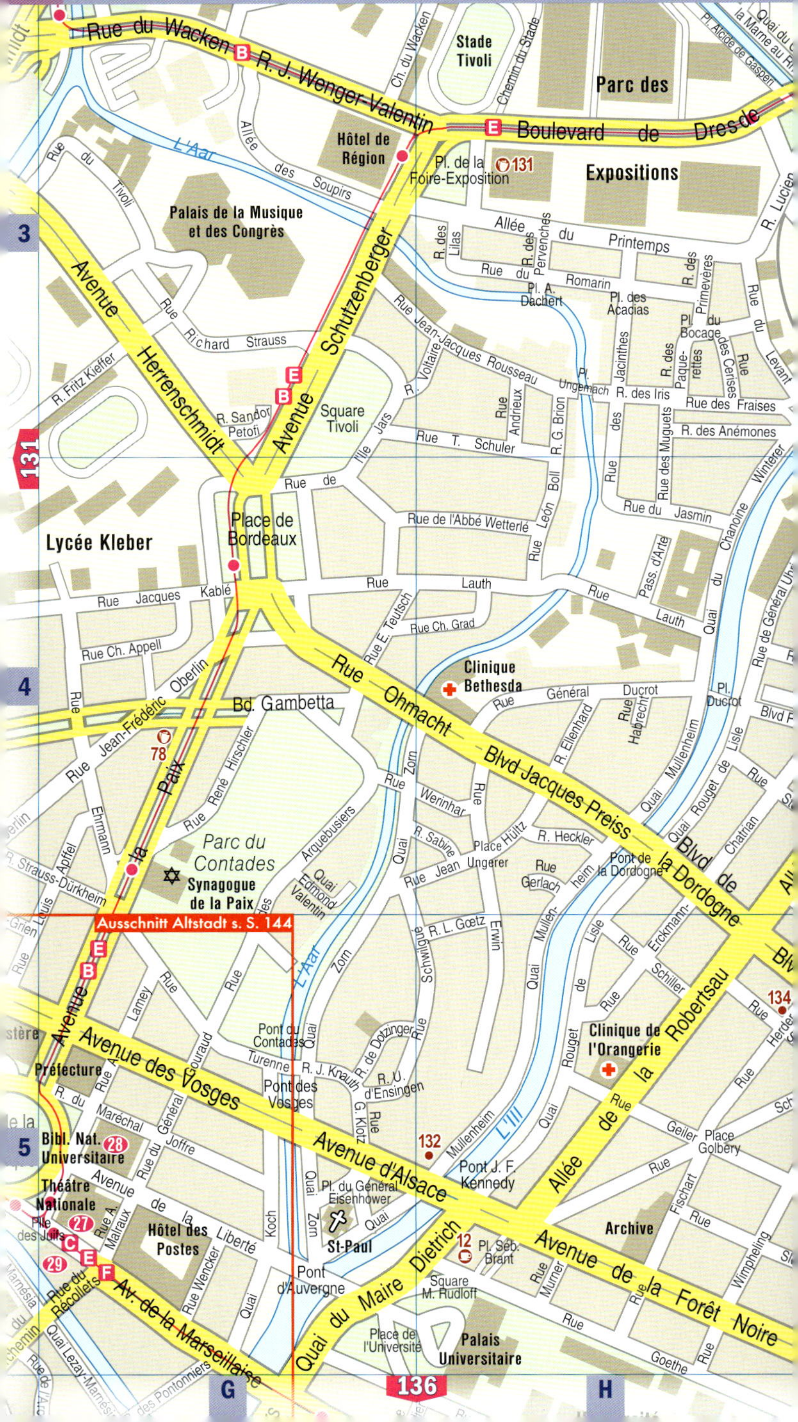

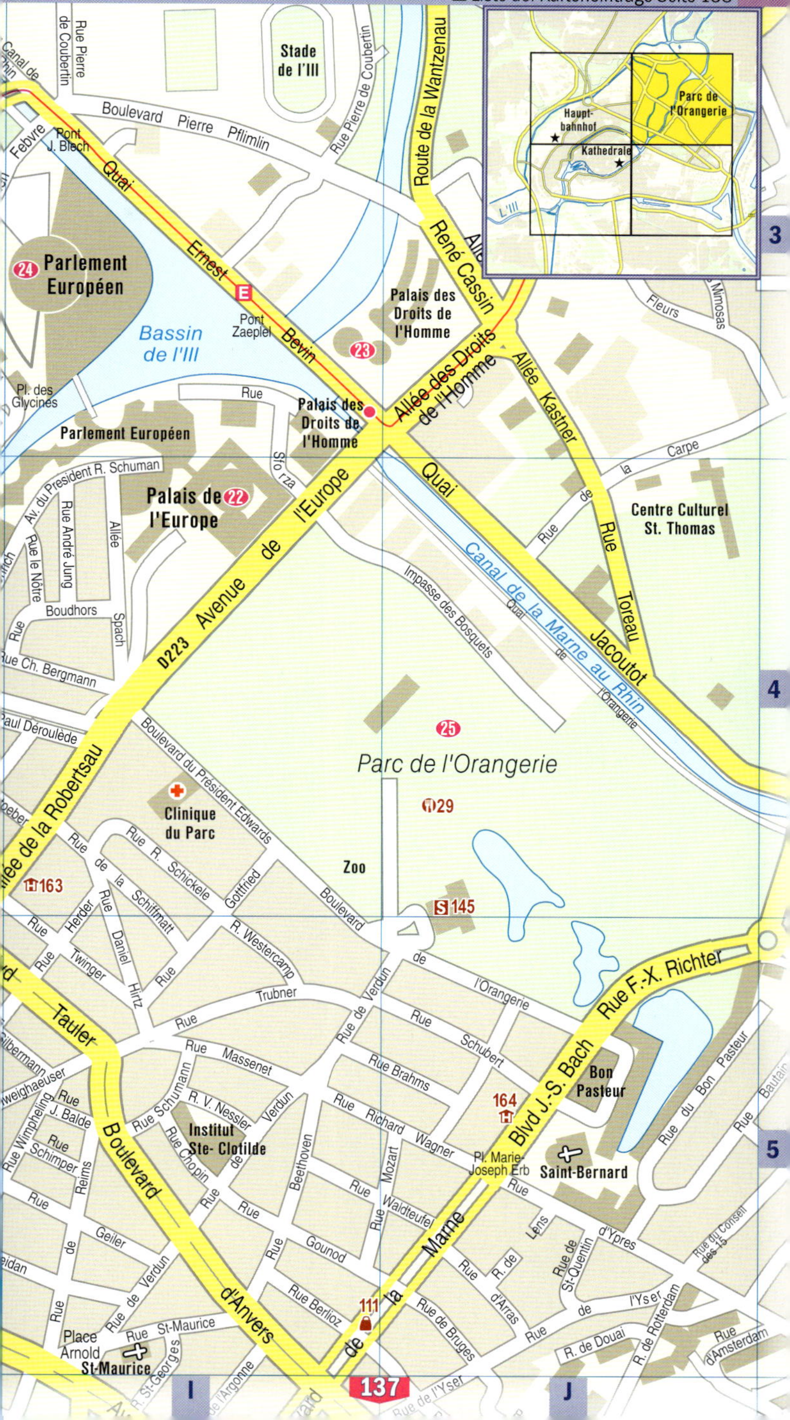
Parlement Européen
Bassin de l'Ill
Stade de l'Ill
Palais des Droits de l'Homme
Palais de l'Europe
Parc de l'Orangerie
Zoo
Clinique du Parc
Centre Culturel St. Thomas
Institut Ste- Clotilde
Bon Pasteur
Saint-Bernard
Boulevard Pierre Pflimlin
Quai Ernest Bevin
Route de la Wantzenau
Allée René Cassin
Allée des Droits de l'Homme
Allée Kastner
Avenue de l'Europe
D223
Canal de la Marne au Rhin
Quai Jacoutot
Rue Toreau
Impasse des Bosquets
Boulevard du Président Edwards
Allée de la Robertsau
Boulevard Tauler
Boulevard d'Anvers
Rue F.-X. Richter
Blvd J.-S. Bach
Avenue de la Marne
Rue de Verdun
Rue Schubert
Rue Brahms
Rue Richard Wagner
Pl. Marie-Joseph Erb
Rue Massenet
Rue Trubner
Rue de l'Orangerie
Place Arnold
St-Maurice
Rue St-Maurice
Rue du Bon Pasteur
Rue de Lens
Rue d'Ypres
Rue de l'Yser
R. de Rotterdam
Rue d'Amsterdam
R. de Douai
Rue de Bruges
Rue d'Arras
Rue Berlioz
Rue Gounod
Rue Mozart
Rue Waldteufel
Rue Beethoven
Rue Chopin
R. V. Nessler
Rue Schumann
Rue Geiler
Rue Schimper
Rue Wimpheling
Rue J. Balde
Rue R. Schickele
Rue de la Schiffmatt
Rue Daniel Hirtz
Rue Herder
Rue Twinger
R. Westercamp
Gottfried
Rue Boudhors
Rue Ch. Bergmann
Paul Déroulède
Allée Spach
Rue le Nôtre
Rue André Jung
Av. du President R. Schuman
Pl. des Glycines
Pont J. Blech
Pont Zaepfel
Rue Pierre de Coubertin
Rue de la Carpe
Fleurs
Mimosas
24 25 23 22 29 145 163 164 111
3 4 5 I J
Hauptbahnhof
Kathedrale
Parc de l'Orangerie
L'Ill

0 1 cm = 100 m 200 m

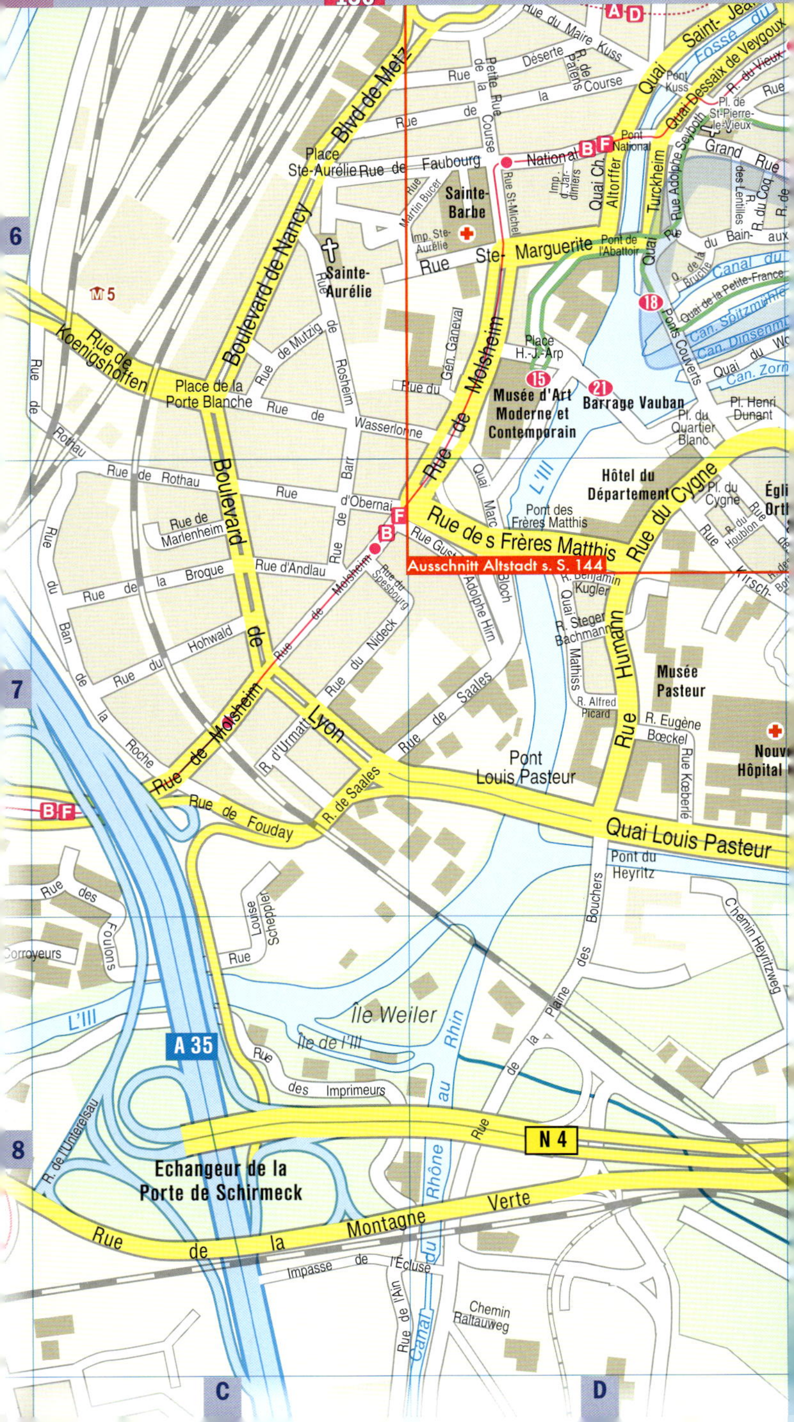

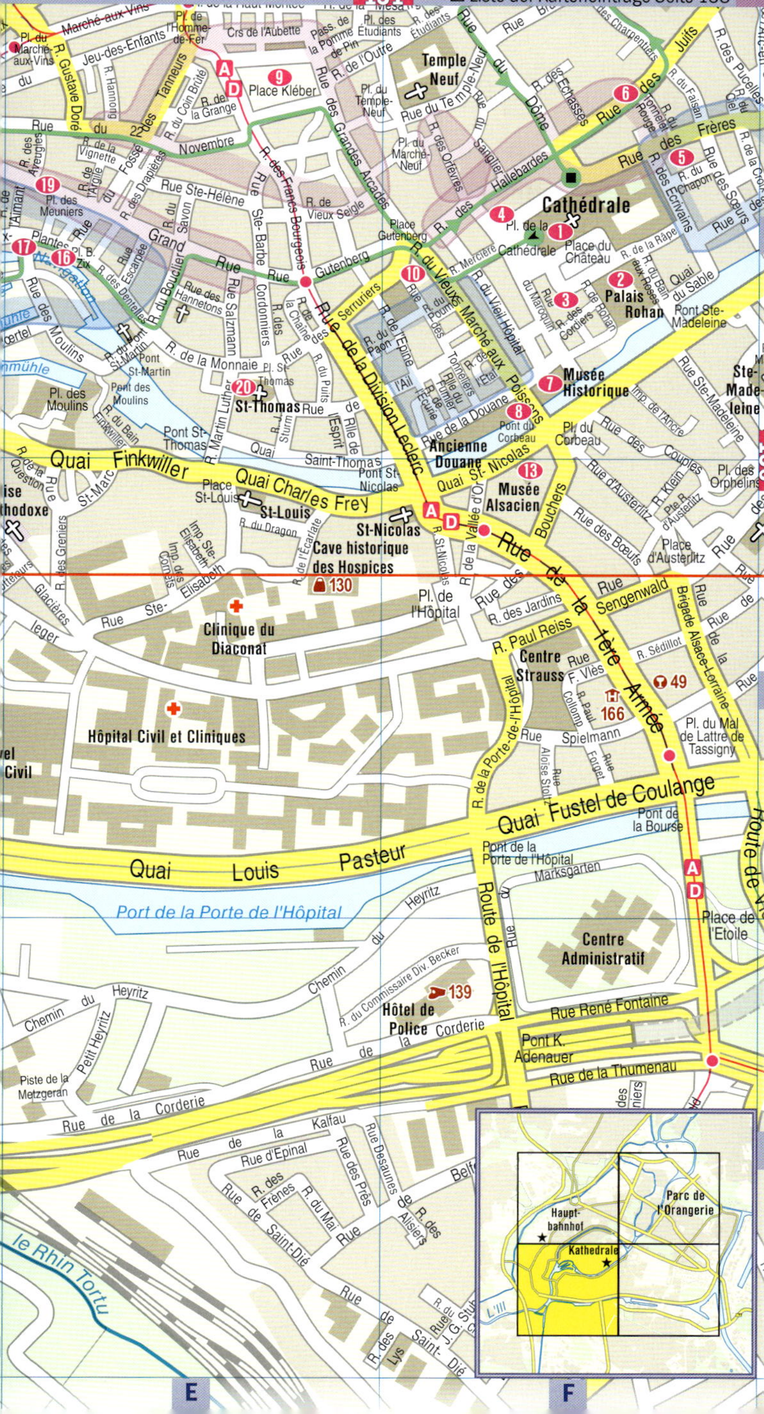
131
136
6
7
8
E
F
Place Kléber
Temple Neuf
Cathédrale
Pl. de la Cathédrale
Place du Château
Palais Rohan
Musée Historique
Ancienne Douane
Musée Alsacien
St-Thomas
St-Louis
St-Nicolas
Cave historique des Hospices
Clinique du Diaconat
Hôpital Civil et Cliniques
Centre Strauss
Centre Administratif
Hôtel de Police
Place Gutenberg
Pl. des Meuniers
Pl. des Moulins
Pl. de l'Hôpital
Pl. du Corbeau
Pl. des Orphelins
Place d'Austerlitz
Pl. du Mal de Lattre de Tassigny
Place de l'Etoile
Quai Finkwiller
Quai Charles Frey
Quai St-Nicolas
Quai Saint-Thomas
Quai Fustel de Coulange
Quai Louis Pasteur
Port de la Porte de l'Hôpital
Rue de la Division Leclerc
Rue de la 1ère Armée
Rue du 22 Novembre
Grand Rue
Rue des Grandes Arcades
Rue du Dôme
Rue des Juifs
Rue des Frères
Rue des Hallebardes
R. du Vieux Marché aux Poissons
Rue Gutenberg
R. des Frères Bourgeois
Rue de la Monnaie
Rue Salzmann
Rue des Moulins
Route de l'Hôpital
Route de Vienne
Rue René Fontaine
Rue de la Thumenau
Pont K. Adenauer
Rue de la Corderie
Rue de Saint-Dié
Chemin du Heyritz
Rue Sengenwald
Rue d'Austerlitz
Rue des Bouchers
Brigade Alsace-Lorraine
Rue des Couples
Rue Ste-Madeleine
Pont Ste-Madeleine
Quai du Sable
Pont St-Thomas
Pont St-Martin
Pont de la Bourse
Pont de la Porte de l'Hôpital
Marksgarten
le Rhin Tortu
Haupt-bahnhof
Kathedrale
Parc de l'Orangerie
L'Ill
130
139
166
49

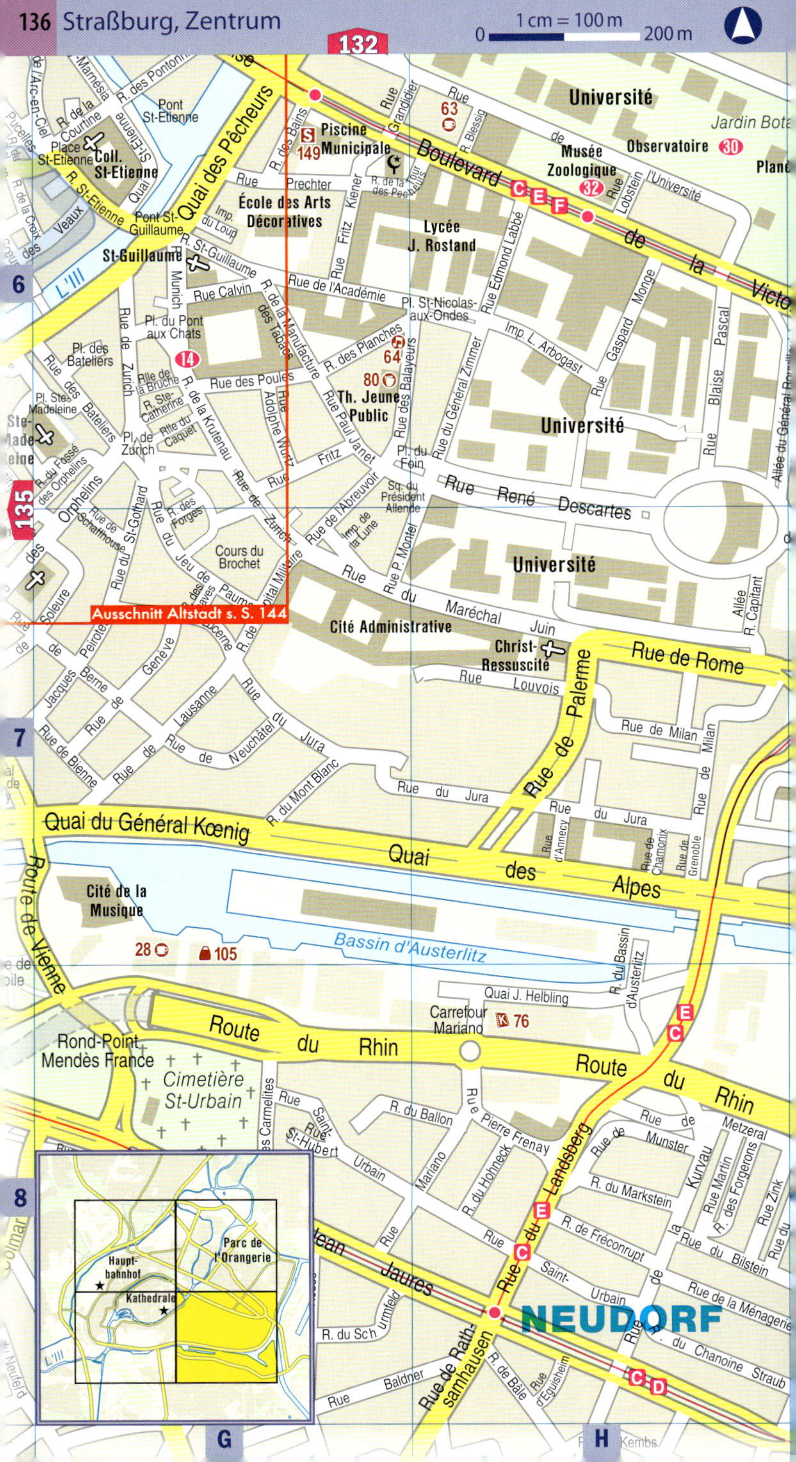
1 cm = 100 m
0
200 m
132
135
6
7
8
G
H
Université
Jardin Bota
Observatoire 30
Musée Zoologique 32
Piscine Municipale
149
63
Boulevard de la Victo
Rue de l'Université
Rue Lobstein
Rue Blessig
Rue Grandidier
Quai des Pêcheurs
Pont St-Etienne
Coll. St-Etienne
Place St-Etienne
R. de la Courtine
R. des Pontonniers
R. St-Etienne
Pont St-Guillaume
St-Guillaume
R. St-Guillaume
École des Arts Décoratives
Rue Prechter
Imp. du Loup
R. des Bains
Rue Fritz Kiener
Lycée J. Rostand
Rue Edmond Labbé
Rue de l'Académie
Pl. St-Nicolas-aux-Ondes
Imp. L. Arbogast
Rue Gaspard Monge
Rue Blaise Pascal
Rue Calvin
R. de la Manufacture des Tabacs
Pl. du Pont aux Chats
Rue de Zurich
Pl. des Bateliers
Rue des Bateliers
14
Rue des Poules
R. des Planches
64
80
Th. Jeune Public
Rue Paul Janet
Rue des Balayeurs
Rue du Général Zimmer
Université
Pl. Ste-Madeleine
Ste-Madeleine
R. de la Krutenau
Rue Adolphe Wurtz
Rue Fritz
Pl. de Zurich
Pl. du Foin
Rue René Descartes
Sq. du Président Allende
R. du Fossé des Orphelins
Orphelins
Rue de l'Abreuvoir
Imp. de la Lune
Rue P. Montel
Université
Rue de Schaffhouse
Rue du St-Gothard
Rue du Jeu des Paumes
R. des Forges
Cours du Brochet
Rue de Zurich
Rue du Maréchal Juin
Allée R. Capitant
Ausschnitt Altstadt s. S. 144
Cité Administrative
Christ-Ressuscité
Rue de Rome
Rue Louvois
Rue de Palerme
Rue de Milan
Rue de Genève
Rue de Berne
Rue Jacques Peirotes
Rue de Lausanne
Rue de Neuchâtel
Rue du Jura
Rue de Bienne
R. du Mont Blanc
Rue du Jura
Rue d'Annecy
Rue de Chamonix
Rue de Grenoble
Quai du Général Kœnig
Quai des Alpes
Route de Vienne
Cité de la Musique
28
105
Bassin d'Austerlitz
R. du Bassin d'Austerlitz
Quai J. Helbling
Carrefour Mariano
76
Route du Rhin
Route du Rhin
Rond-Point Mendès France
Cimetière St-Urbain
Rue des Carmelites
Rue St-Hubert
Rue Saint-Urbain
R. du Ballon
Rue Pierre Frenay
Rue Mariano
R. du Hohneck
Rue du Landsberg
Rue de Munster
Metzeral
R. du Markstein
Rue Kurvau
Rue Martin
R. des Forgerons
Rue Zink
R. de Fréconrupt
Rue du Bilstein
Rue de la Ménagerie
Rue Saint-Urbain
Jean Jaurès
NEUDORF
R. du Chanoine Straub
R. du Schurmfeld
Rue Baldner
Rue de Rathsamhausen
R. de Bâle
Rue d'Eguisheim
Parc de l'Orangerie
Hauptbahnhof
Kathedrale
L'Ill
Kembs

☐ Liste der Karteneinträge Seite 138

133

Liste der Karteneinträge

Hier nicht aufgeführte Nummern liegen außerhalb der abgebildeten Karten. Ihre Lage kann aber wie die von allen Ortsmarken im Buch mithilfe der Web-App angezeigt werden (s. S. 141).

Straßburg mit PC, Smartphone & Co.

QR-Code auf dem Umschlag scannen oder **www.reise-know-how.de/citytrip/strassburg18** eingeben und die **kostenlose Web-App** aufrufen (Internetverbindung zur Nutzung nötig)!

★**Anzeige der Lage und Satellitenansicht aller** beschriebenen Sehenswürdigkeiten und touristisch wichtigen Orte
★**Routenführung** vom aktuellen Standort zum gewünschten Ziel
★**Exakter Verlauf** des empfohlenen Stadtspaziergangs
★**Audiotrainer** der wichtigsten Wörter und Redewendungen
★**Updates** nach Redaktionsschluss

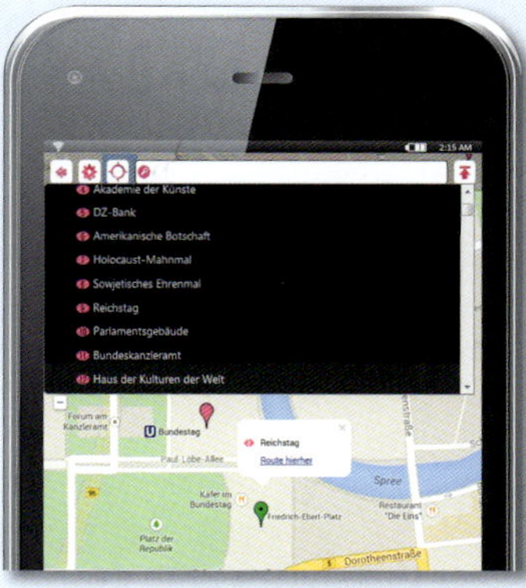

GPS-Daten zum Download

Auf der Produktseite dieses Titels unter www.reise-know-how.de stehen die GPS-Daten aller Ortsmarken als KML-Dateien zum Download zur Verfügung.

Stadtplan für mobile Geräte

Um den Stadtplan auf Smartphones und Tablets nutzen zu können, empfehlen wir die App „Avenza Maps" der Firma Avenza™. Der Stadtplan wird aus der App heraus geladen und kann dann mit vielen Zusatzfunktionen genutzt werden.

Unsere App-Empfehlungen zu Straßburg

- **Die Kathedrale:** Diese App bietet Hintergrundinfos, Animationen, Spiele, Anekdoten und vieles mehr, unter anderem zum Straßburger Münster und zum Straßburger Frauenwerkmuseum (kostenlos für Android und iOS).
- **StrasMap:** Mit dieser preisgekrönten App trägt man den Stadtplan Straßburgs digital bei sich. Die App erstellt zudem Routenvorschläge für Fußgänger, Radfahrer und für Bus/Straßenbahn. Außerdem Verkehrswarnungen, Live-Status freier Plätze in Parkhäusern usw. (kostenlos für Android und iOS).
- **Opéra national du Rhin:** In Echtzeit liefert diese App aktuelle Infos über das Operngeschehen in Straßburg, z. B. zu den aufgeführten Werken und deren Besetzung. Inklusive Online-Kartenverkauf (kostenlos für iOS).
- **Dernières Nouvelles d'Alsace:** Die größte elsässische Tageszeitung mit Hauptaugenmerk auf Straßburg gibt auch eine eigene App heraus (kostenlos für Android und iOS).

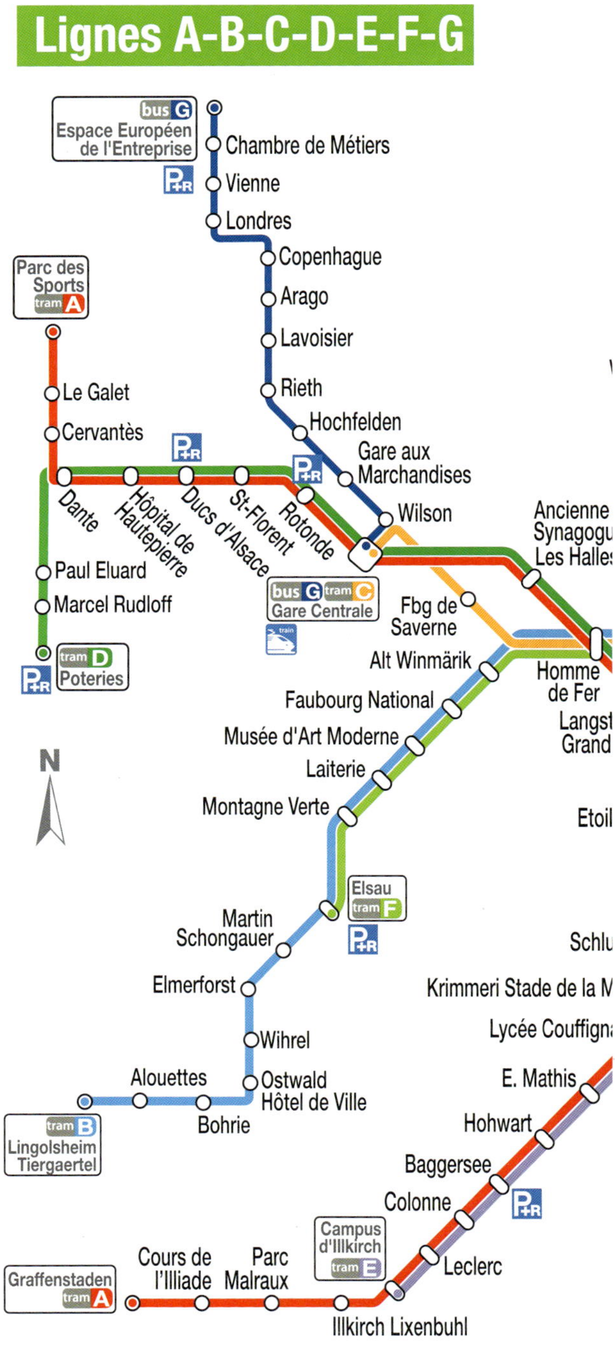
Lignes A-B-C-D-E-F-G
bus G
Espace Européen de l'Entreprise
P+R
Chambre de Métiers
Vienne
Londres
Copenhague
Arago
Lavoisier
Rieth
Hochfelden
Gare aux Marchandises
Wilson
Parc des Sports
tram A
Le Galet
Cervantès
Dante
Hôpital de Hautepierre
Ducs d'Alsace
St-Florent
Rotonde
Ancienne Synagogu
Les Halle
bus G tram C
Gare Centrale
train
Fbg de Saverne
Paul Eluard
Marcel Rudloff
tram D
Poteries
Alt Winmärik
Homme de Fer
Faubourg National
Langst
Grand
Musée d'Art Moderne
Laiterie
Montagne Verte
Etoil
N
Elsau
tram F
Martin Schongauer
Schlu
Elmerforst
Krimmeri Stade de la M
Wihrel
Lycée Couffign
Alouettes
Ostwald Hôtel de Ville
E. Mathis
Bohrie
Hohwart
tram B
Lingolsheim Tiergaertel
Baggersee
Colonne
Campus d'Illkirch
tram E
Leclerc
Cours de l'Illiade
Parc Malraux
Graffenstaden
tram A
Illkirch Lixenbuhl

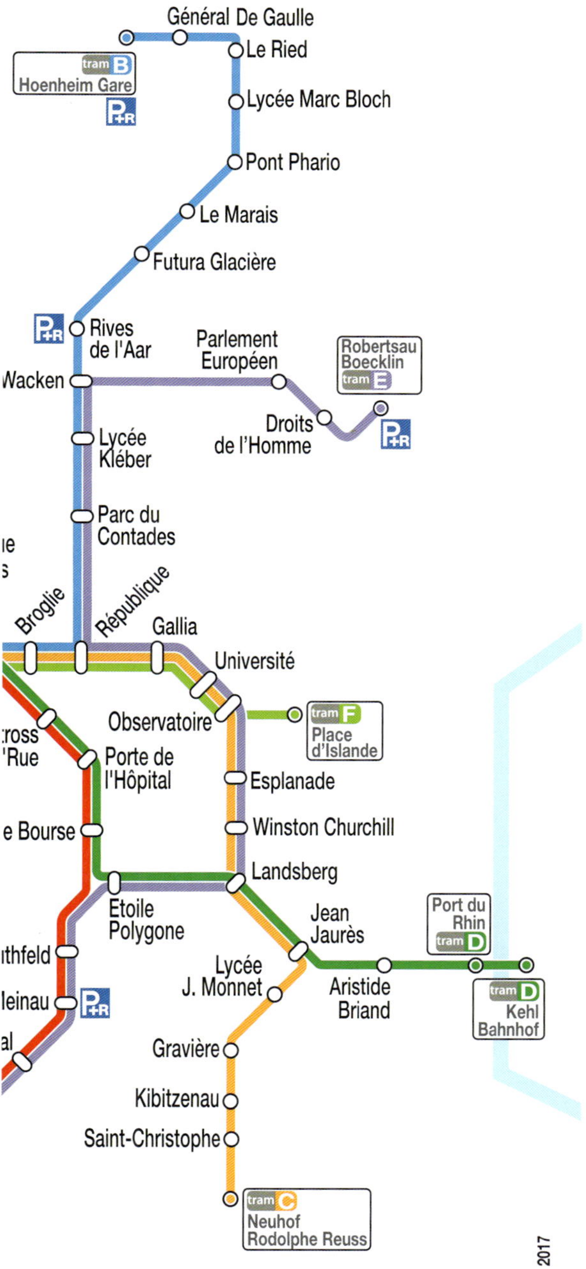

Toutes ces lignes fonctionnent tous les jours dès 4h30 et jusqu'à 0h30.

L2.com.01 2017

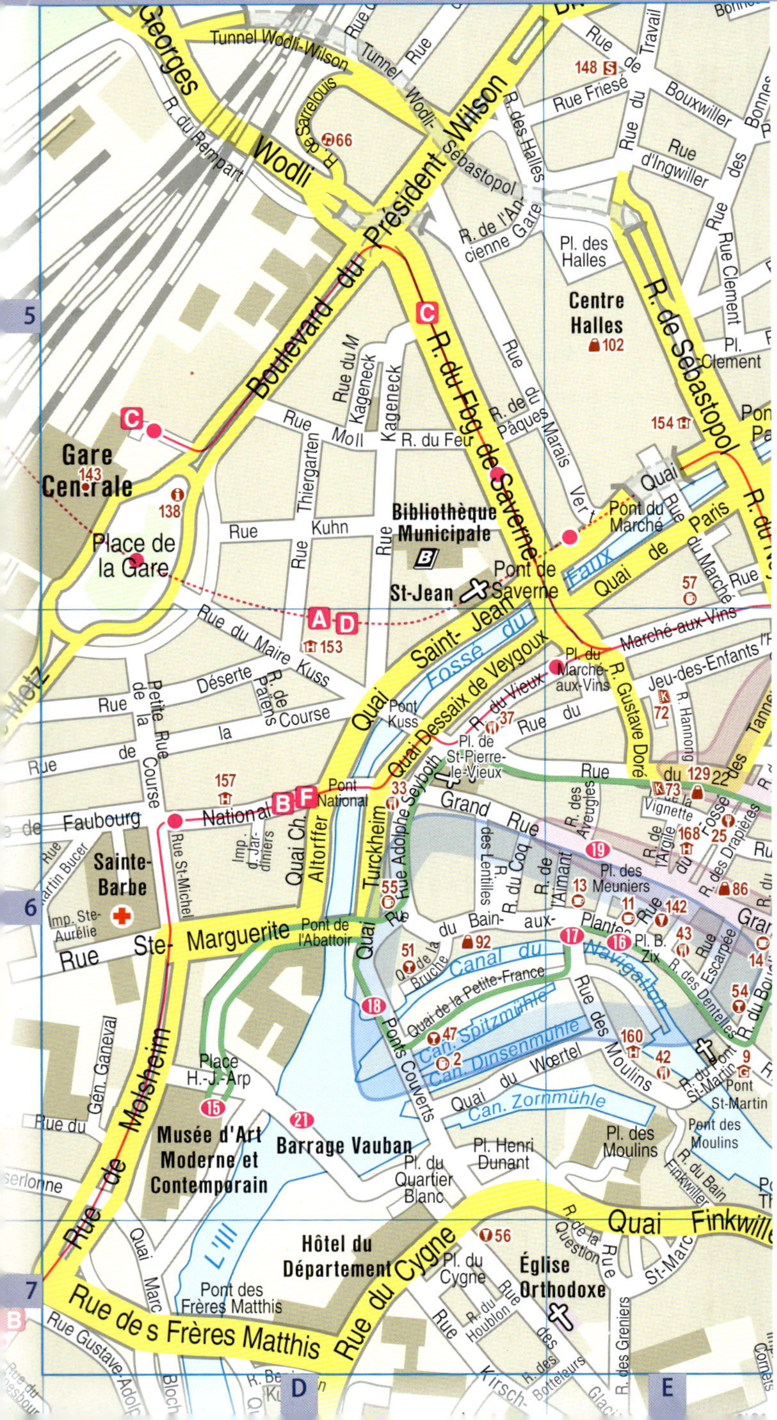
Tunnel Wodli-Wilson
Tunnel
Rue
Georges
R. du Rempart
R. de Sarrelouis
66
Wodli
Boulevard du Président Wilson
Wodli-Sébastopol
R. des Halles
R. de l'Ancienne Gare
Rue Friese
148
Rue de Travail
Rue du Bouxwiller
Rue d'Ingwiller
Rue des
Rue Clement
Pl. des Halles
Centre Halles
102
R. de Sébastopol
Pl. Clement
154
Pont
R. du Fbg de Saverne
Rue du Marais Vert
R. de Pâques
Rue du M
Kageneck
Rue Kageneck
Rue Moll
R. du Feu
Rue Thiergarten
Gare Centrale
143
138
Place de la Gare
Rue Kuhn
Rue
Bibliothèque Municipale
St-Jean
Pont de Saverne
Quai
Pont du Marché
Rue du Marché
Quai de Paris
Faux
57
Rue
Rue du Maire Kuss
153
Quai Saint-Jean
Fossé du
Marché-aux-Vins
Pl. du Marché-aux-Vins
Jeu-des-Enfants
Metz
Rue Déserte
R. de Pâtens
Rue de la Course
Petite Rue de la Course
Quai Dessaix de Veygoux
R. du Vieux
37
Rue du
R. Gustave Doré
R. Hannong
72
Pont Kuss
Pl. de St-Pierre-le-Vieux
Rue
Tanneurs
Rue de Faubourg National
157
Pont National
33
R. des Aveugles
129
22
73
Vignette
Fossé des
Rue
Rue Martin Bucer
Sainte-Barbe
Rue St-Michel
Imp. d. Jardiniers
Quai Ch. Altorffer
Quai Turckheim
Rue Adolphe Seyboth
Grand' Rue
R. des Lentilles
R. du Coq
R. de l'Aimant
19
R. de l'Argile
168
25
R. des Drapiers
86
Imp. Ste-Aurélie
55
Pl. des Meuniers
13
11
142
Rue Ste-Marguerite
Pont de l'Abattoir
Quai
Rue du Bain-aux-Plantes
17
16
Pl. B. Zix
43
Rue Escarpée
Gr
14
51
Q. de la Bruche
92
Canal du Navigation
R. des Dentelles
54
R. du Bouc
18
Quai de la Petite-France
Can. Spitzmühle
47
Can. Dinsenmühle
2
Rue des Moulins
160
42
R. du Pont St-Martin
9
Pont St-Martin
Gén. Ganeval
Place H.-J.-Arp
Ponts Couverts
Quai du Woertel
Can. Zornmühle
Rue du
Rue de Molsheim
15
21
Musée d'Art Moderne et Contemporain
Barrage Vauban
Pl. du Quartier Blanc
Pl. Henri Dunant
Pl. des Moulins
Pont des Moulins
R. du Bain Finkwiller
Iserlohne
Quai Finkwiller
L'Ill
Quai Marc
56
Hôtel du Département
Pl. du Cygne
Rue du Cygne
R. de la Question
Rue
Église Orthodoxe
St-Marc
Pont des Frères Matthis
Rue des Frères Matthis
Rue Gustave Adolphe
R. du Houblon
Rue
Rue des
R. des Bottelleurs
R. des Greniers
Kirsch-
Bloch
D
E
5
6
7
A
B
C
F